Sebastian Kuhn

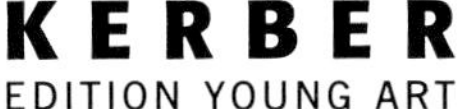

Inhalt/**Content**

You Will Know Us by Our Velocity

Richard Grayson
London, January 2008

Richard Grayson
London, Januar 2008

Sebastian Kuhn's sculptures are travelling fast. This is not to say that any individual work is kinetic, rather that they are, as a series, on a syntactical roll, one thing leading to another, in a way that's faster than we would consider usual given our every day perceptions of time.

There is a trick much loved by the makers—and viewers—of nature and wildlife documentaries which uses the possibilities presented by the physical matter of film itself and the way that it can be shifted past the shutter-gate at different speeds to reveal to us processes that are normally unremarked in the quotidian world. When a recording made of the activities and events that unfold over, say a month, around the corpse of an animal (for instance) is played back at a speed that means we see it entire in a minute; we are given a new perception of events that have previously been invisible to us. It's sort of febrile, dizzying. We are rocketed from pedestrian certainties into realms where mundane processes of change become transformed into a fizz of activity, a strange Brownian motion that deliquesces into disorientating metaphor... events become trajectories, and our habitual way of ordering things moves into new constellations of understanding.

The body that Kuhn is working with is neither

Sebastian Kuhns Skulpturen bewegen sich schnell. Das soll nicht etwa heißen, dass einzelne Werke kinetisch wären, sondern dass sie es als Werkreihe sind, auf einer Art syntaktischem Laufband, auf dem eins zum anderen führt, schneller, als wir es mit unserer alltäglichen Wahrnehmung der Zeit erwarten würden.

Es gibt einen Trick, der bei Produzenten—und Betrachtern—von Natur- und Tierfilmen sehr beliebt ist und der sich der Möglichkeiten bedient, die das Filmmaterial an sich beinhaltet und der Art, wie ein Film in unterschiedlichen Geschwindigkeiten am Kameraverschluss vorbei bewegt werden kann, um uns Vorgänge sehen zu lassen, die in der Alltagswelt normalerweise unbemerkt bleiben. Wenn eine Aufzeichnung von den Aktivitäten und Ereignissen, die sich im Laufe von, angenommen, einem Monat rund um eine Tierleiche herum entwickeln (nur als Beispiel), für uns abgespielt wird in einer solchen Geschwindigkeit, dass wir sie in einer einzigen Minute sehen, so ermöglicht uns dies eine neue Wahrnehmung der Geschehnisse, die für uns zuvor unsichtbar waren. Das ist wie im Fieber, Schwindel erregend. Wir werden von prosaischen Gewissheiten in Sphären geschleudert, wo alltägliche Veränderungsprozesse in einen Wirbel von Aktivitäten verwandelt werden, eine sonderbar Brownsche Bewegung, die sich

singular nor, as yet, entirely a corpse. Rather it's the body of objects, styles and formal innovations, that have helped constitute the languages and outcomes of mainstream western abstract sculptural practice over the last fifty years. Or rather, that's one of the bodies, another body is of the work that the artist has made over a relatively short period of time, starting with the sculptures made in 2003—the untitled series for instance—then running through to the other end of the continuum—You, Me and Caravaggio (2007). Looking at the ground covered, tracking the shifts developments and changes, you gain an impression of compression and propulsion, a shift of state where much that was solid is now expansive, exploded, unfolding...

The untitled series are dark matter, brooding, heavy and craggy. Although made largely out of sombre industrial rubber, in form and visual weight they echo the movements and shapes of a type of heavy metal sculpture that reached its heyday in the sixties and seventies: practices which used "non art" materials like rolled sheet metal and core-ten steel and suitable industrial techniques to combine and unite these in ways that still echoed some of the more organic shapes of earlier carved, modelled or cast sculpture. A piece like Thinking about You and Me (2005), with its tubes and arches, its dispersement and the flat ground-hugging planes, is the offspring of the miscegenation between Henry Moore and David Smith, filtered and refracted through facets of Caro. It has slouched off the pedestal and across the floor, run into a 'New Generation' of work with Turnbull and Phillip King (indeed Kuhn was taught by Tim Scott who came to view through his participation in the 1965 Whitechapel Gallery New Generation exhibition). Later practices are brought to mind as well; the mono (or duo) chromes of these works echo the mutenesses of minimalism, Serra's vast metal forms or Morris' descending felt slumps.

Plotting these links is not 'spot the influence'

in eine verstörende Metapher auflöst... Ereignisse werden zu Flugbahnen, und unsere gewohnte Art, Dinge einzuordnen, wird zu neuen Konstellationen des Verstehens.

Bei dem Werkkörper, an dem Kuhn arbeitet, handelt es sich um einen Körper von Objekten, Stilen und formalen Neuerungen, die geholfen haben, Sprachen und Ergebnisse in der Hauptströmung der westlichen abstrakten Plastik der letzten fünfzig Jahre zu formen. Oder vielmehr ist dies einer der Körper, ein anderer Körper entsteht aus der Arbeit, die der Künstler während einer relativ kurzen Periode geschaffen hat, beginnend mit den 2003 entstandenen Skulpturen—die Werkreihen ohne Titel beispielsweise—und dann zum anderen Ende des Kontinuums eilend—You, Me and Caravaggio (2007). Wenn man die zurückgelegte Strecke betrachtet, die Verschiebungen, Entwicklungen und Veränderungen verfolgt, bekommt man den Eindruck von Verdichtung und einer Antriebskraft, einer Zustandsverschiebung, wo vieles, das zuvor fest war, sich nun ausdehnt, entfaltet und explodiert...

Die Werkgruppen Ohne Titel sind dunkle Materie, grüblerisch, schwer und schroff. Obwohl sie hauptsächlich aus nüchternem Industriegummi hergestellt sind, erinnern sie in Form und visuellem Gewicht an Bewegungen und Gestalt einer Art schwerer Metallskulptur, wie sie ihre Blütezeit in den Sechzigern und Siebzigern hatte: Praktiken, bei denen untypische Kunst-Materialien wie Walzblech und Core Ten-Stahl und die entsprechenden industriellen Techniken eingesetzt wurden, um diese auf Weisen zu kombinieren und zu vereinen, die dennoch auf einige der organischeren Formen früherer Skulpturen zurückverwiesen, die geschnitzt, modelliert oder gegossen worden waren. Ein Werk wie Thinking about You and Me (2005), mit seinen Rohren und Bögen, seiner Verästelung und den Flächen, die sich eng an den Boden schmiegen, ist Abkömmling einer Mischung aus Henry Moore und David Smith, gefiltert und gebrochen durch Facetten von Caro. Es ist vom Sockel herab und über den Boden geglitten, hat sich zu Ar-

as an art historical approach aiming to situate an artist's practice as the outcome that which has come before... of and a and b and therefore c: to construct a primogeniture and ancestry. Or rather, when it comes to Kuhn's practice, it cannot be done here in a way that implies a logical developmental growth, which was the original intention of such methodologies. The echoes and resemblances that we are recognizing and talking about here are not diagnostic or organic, they are elective. The forms and languages that Kuhn is drawing on have been taken out of time by him and in many ways operate as an anachronism. They are removed from their original matrix and so take on a new loading and to come across them gives us a small jolt of surprise at their unlikely re-emergence. When these styles and approaches were first being developed, they were seen as inevitable refinements which were closing in on some fast approaching absolute. The history of art was considered a manifestation of an increasingly refined way of thinking where each development built on and was superior to the one that had gone before: a ladder was being climbed taking us higher and higher towards the ultimate and the ineffable. Parallels were made with the stages of development of intelligence as described by psychologists such as Piaget. 'Primitive' art and representational art was equated with childlike stages, western abstract practices with the emergence of rarefied symbolic adult thinking.

In the half century or so that has elapsed we can no longer believe this and it seems to me the ways that Kuhn has developed the works from his starting point has been done in such a way as to recognize that the imperatives, intentions and teleologies that originally shaped these forms no longer apply. Instead he has developed an analogue and mischievously applied it to the matter of sculpture to propel it in new and unexpected directions. To make abstract sculpture now, even if it were to look in every atom and instance similar to a work from the seventies is, like Borges'

beiten der „New Generation" mit Turnbull und Phillip King gesellt (Kuhn hat tatsächlich bei Tim Scott gelernt, der durch seine Teilnahme an der „New Generation"-Ausstellung der Whitechapel Gallery 1965 auf sich aufmerksam gemacht hatte). Auch spätere Praktiken werden in Erinnerung gebracht: die Mono- (oder Duo)-Chromatik dieser Arbeiten wiederholt die Stummheit des Minimalismus, Serras riesige Metallgestalten oder die herabfallenden Filzmatten von Morris.

Diese Verbindungen nachzuzeichnen ist keineswegs „Finde-den-Einfluss" als kunsthistorischer Ansatz, um die Arbeitsweise eines Künstlers als das Resultat dessen darzustellen, was vorher war... in der Art von „a" und „b" ergibt infolgedessen „c": um ein „Erstgeburtsrecht" oder eine „Ahnenreihe" zu konstruieren. Was Kuhns Methode angeht, so kann man hier nicht von einem sich logisch entwickelnden Wachstum ausgehen, was ja die ursprüngliche Absicht von solchen Methodologien war. Die Echos und Ähnlichkeiten, die wir hier erkennen und vorstellen, sind nicht diagnostisch oder organisch, sie sind eine Auswahl. Die Formen und Sprachen, auf die Kuhn sich bezieht, sind von ihm aus der Zeit herausgelöst worden und wirken auf vielfältige Weise wie ein Anachronismus. Sie wurden aus ihrer ursprünglichen Matrix herausgenommen und bekommen dadurch eine neue Bedeutung; sie nun anzutreffen verursacht einen kleinen Schock der Überraschung durch ihr ungewohntes Wiederauftauchen. Als diese Stilrichtungen und Herangehensweisen erstmals entwickelt worden waren, wurden sie als zwangsläufige Verfeinerungen angesehen, die sich einem schnell näherkommenden Absoluten anglichen. Die Geschichte der Kunst wurde als Manifestation einer zunehmend raffinierteren Denkweise betrachtet, in der jede Entwicklung auf die vorhergegangene aufbaute und ihr überlegen war: man erklomm eine Leiter, die immer höher und höher zum Ultimativen und Unbeschreiblichen führte. Parallelen wurden gezogen zu den Entwicklungsstadien der Intelligenz, wie sie von Psychologen wie Piaget beschrieben wurden. „Primitive" und gegenständliche Kunst

tale of the identical rewriting Don Quixote in 'Pierre Menard, Author of the Quixote', to make an entirely different work. What Kuhn has done has taken the notions of speed, of velocity that were inherent in modernism and he has turned them back onto the objects, pataphysically applied them as forces onto to the forms of modernism themselves. And as we know as a foundation text of the modern age (although, like electricity, few of us actually understand it in any meaningful way at all) when mass and speed are combined there is a translation into energy. Looking across the spectrum of work here it's like seeing 'modern sculpture' in a particle accelerator, and, as with advanced physics, all the certainties that seem inherent in the 'solid' are revealed to be fictional, illusory and fugitive.

When Shall We Three Meet Again (2005) **is a stage at the start of an acceleration. There is no longer a use of a unitary material. The stuff that makes up the work is more diverse, separate, and only held together (by implication this is a temporary attachment) by means of a chunky great chain and pulley that has been tugged on hard to defeat the forces that wish to drive the elements apart. Formally we are leaving the New Generation and heading now towards Arte Povera, with memories say of a lettuce bound in forced intimacy with a block of stone with copper wire (Giovanni Anselmo). In** For a Bigger Buddha (2005) **Kuhn enlists gravity to enforce a temporary and fissiparous unity of an even more motley collection of materials.** Tension Room for Bacon (2006) **has the matter suspended in an architectural space, a momentary stasis of an infinite series of arrangements which remain removed from our gaze.**

By the time we come to Strange Things Between Us (2006), **we find that although the material of the work is singular and the same across the constituent forms, each is a unit separated from the other, no longer even framed and contained by walls. Like bits of wreckage from a plane or a**

wurden kindlichen Stadien gleichgesetzt, westliche abstrakte Methoden dem Entstehen von höherem symbolischen Denken bei Erwachsenen.

In dem halben Jahrhundert, das inzwischen vergangen ist, können wir dies nicht länger glauben, und es scheint mir, dass die Art und Weise, in der Kuhn seine Arbeiten seit dem Beginn seines Schaffens entwickelt hat, darauf ausgerichtet war, zu erkennen, dass die Imperative, Intentionen und Teleologien, die diesen Formen ursprünglich ihre Gestalt verliehen, nicht länger zutreffen. Er hat stattdessen eine Analogie geschaffen und sie augenzwinkernd auf das Thema Skulptur angewandt, um sie in neue und unerwartete Richtungen zu lenken. Heute abstrakte Skulpturen zu schaffen, auch wenn sie in jedem Atom und in jedem Fall einem Werk aus den siebziger Jahren ähneln, bedeutet, wie in Borges Erzählung von der identischen Don Quijote-Neuschreibung in „Pierre Menard, Autor des Quijote", ein komplett anderes Werk zu schaffen. Kuhn hat die Vorstellungen von Schnelligkeit, von Geschwindigkeit, die im Modernismus inhärent waren, genommen und sie zurück auf die Objekte gerichtet, er hat sie pataphysisch als Kräfte auf die Formen des Modernismus selbst einwirken lassen. Und wie wir es als Grundsatz der Moderne kennen (obwohl das, wie die Elektrizität etwa, nur wenige von uns in einer relevanten Weise überhaupt verstehen), wenn Masse und Geschwindigkeit kombiniert werden, findet eine Übersetzung in Energie statt. Wenn man das ganze Spektrum der Arbeiten hier betrachtet, so ist es, als sähe man „Moderne Skulptur" in einem Teilchenbeschleuniger, und wie bei der höheren Physik werden alle Gewissheiten, die dem „Festen" innezuwohnen schienen, als fiktiv, illusorisch und flüchtig enthüllt.

When Shall We Three Meet Again (2005) ist eine Phase am Beginn der Beschleunigung. Es gibt keine Verwendung eines einheitlichen Materials mehr. Der Stoff, aus dem das Werk gemacht ist, ist verschiedenartiger, separierter und nur zusammengehalten (implizit ist dies ein vorübergehender Zusammenhalt) mit Hilfe einer groben Kette und eines Flaschenzuges, an dem man

Roswell type explosion from a flying saucer designed by Tony Cragg, we find strange elements dumped and draped across the trees and on the grass of a suburban park.

There are hardly any volumes at all in Come on Sam (2007), rather a volume is described by the intersection of planes and vectors that twist and buzz in space. Light itself is used, in the deployment of waves and curlicues of clear perspex, and through mirrors that are mounted and arranged to provide small windows onto the twin reversed event taking place in the space in the universe on the other side of the mirror's plane. It is a series of collisions and concatenations that talk of energy and of constant change. The work offers the possibility that it is operating on both a macro and a micro level... it could be the virtual model of some vast intergalactic event or a description of the interplay of forces at a subatomic level caught in a delay, like particles in a cloud chamber, revealing the forces and events that constitute matter itself. The way the work implies radical shifts of scale, the atomic and galactic level, echoes occult resonances of above and below that animated magical view of the universe in the pre-enlightenment mind.

The fold, the vector and the reflection become central elements in Kuhn's recent wall works. These baroque jeweled arrangements freeze events that we feel must be continuing in some other alternative dimension. You, Me and Caravaggio (2007) expresses a dance of elements, a refraction of electrons (which behave both as waves and particles): a flux in space and light. Energy rather than matter now lies at the heart of the practice as mass achieves a transformative velocity into the realms of information. The works not only talk of the material world but those spaces made up of electrons relationships and proposition, the spaces of virtuality.

Barefoot (2006) mapped the event horizons the work is hurtling towards. The video proposes a future history of this acceleration as we move

kräftig zerren muss, um die Kräfte zu besiegen, die die Elemente auseinanderzutreiben suchen. Formal verlassen wir die New Generation und bewegen uns nun in Richtung Arte Povera, mit Erinnerungen, beispielsweise, an einen Salatkopf, durch Kupferdraht mit einem Steinquader in erzwungener Intimität verbunden (Giovanni Anselmo). In For a Bigger Buddha (2006) nimmt Kuhn die Schwerkraft zu Hilfe, um eine temporäre und fissipare Einheit einer sogar noch bunteren Sammlung von Materialien zu erzwingen. Bei A Tension Room for Bacon (2006) hängt die Materie im architektonischen Raum, ein momentaner Stillstand in einer unendlichen Reihe von Arrangements, die unserem Blick verborgen bleiben.

Wenn wir bei Strange Things Between Us (2006) angelangt sind, stellen wir fest, dass, obwohl das Material des Werkes einheitlich ist und dasselbe für die verwendeten Formen gilt, jedes doch eine von der anderen abgetrennte Einheit ist, nicht einmal mehr eingerahmt und von Wänden umschlossen. Wie Wrackteile eines Flugzeugs oder eine Roswellartige Explosion einer fliegenden Untertasse, entworfen von Tony Cragg, finden wir befremdliche Elemente, die über Bäume und Gras in einem Vorstadtpark ausgekippt und drapiert wurden.

In Come on Sam (2007) gibt es so gut wie gar kein Volumen, vielmehr wird ein Volumen durch die Überschneidung von Ebenen und Vektoren, die sich im Raum drehen und umherschwirren, beschrieben. Durch den Einsatz von Wellen und Schnörkeln aus durchsichtigem Plexiglas wird das Licht selbst mit einbezogen, ebenso durch Spiegel, die so angebracht und arrangiert sind, dass sie kleine Fenster auf das zweifach umgedrehte Geschehen ergeben, das sich im Raum des Universums auf der anderen Seite der Spiegelfläche abspielt. Es ist eine Reihe von Kollisionen und Verknüpfungen, die von Energie und ständigem Wandel erzählen. Das Werk bietet die Möglichkeit, sowohl auf der Makro- als auch auf der Mikroebene zu funktionieren... Es könnte das virtuelle Modell eines gigantischen intergalaktischen Ereignisses sein oder die Beschreibung eines Wechselspiels von Kräften auf einer subatomaren Ebene,

beyond the frontiers of matter to hurtle through space and time as defined by events of sound and light. The electric squiggles of neon movements are reflected and refracted on the edges of the screen, similar to the way that, at the end of "2001 Space Odyssey", the reflective visor on Dave Bowman's helmet traces his progress as the astronaut hurtles through the vortex of the Stargate into the new dimensions that lie behind and beyond the bounds of the physical universe. The worlds of matter are transcended and transformed into a folded, looped dance of time, event and energy.

eingefangen aufgrund einer Verzögerung, wie Partikel in einer Nebelkammer, die Kräfte und Ereignisse enthüllend, welche die Materie bilden. Die Art und Weise, in der das Werk radikale Maßstabsverschiebungen, die atomare und die galaktische Ebene, andeutet, erinnert an die okkulten Resonanzen von oberhalb und unterhalb der animierten magischen Ansicht des Universums im voraufklärerischen Denken.

Die Falte, der Vektor und die Reflexion werden zu zentralen Elementen in Kuhns jüngsten Wandarbeiten. Diese barocken, juwelenverzierten Arrangements frieren Ereignisse ein, von denen wir fühlen, dass sie sich in einer anderen, alternativen Dimension fortsetzen müssen. **You, Me and Caravaggio** (2007) drückt einen Tanz von Elementen aus, eine Brechung von Elektronen (die sich sowohl wie Wellen als auch wie Teilchen verhalten): eine Bewegung in Raum und Licht. Eher Energie als Materie bildet jetzt das Herzstück der Arbeitsweise, wobei die Masse eine transformative Geschwindigkeit erreicht bis in Bereiche der Information. Die Arbeiten berichten nicht nur von der materiellen Welt, sondern auch von jenen Räumen, die aus den Beziehungen zwischen Elektronen und Behauptung entstehen, von den Räumen der Virtualität.

Barefoot (2006) erstellt eine Karte von den Ereignishorizonten, auf die das Werk zurast. Das Video schlägt eine zukünftige Geschichte dieser Beschleunigung vor, während wir uns über die Grenzen der Materie hinaus bewegen und durch Raum und Zeit wirbeln, wie sie durch Geschehen von Ton und Licht definiert werden. Die elektrischen Zuckungen von Neonbewegungen werden gespiegelt und an den Rändern des Bildschirms gebrochen, ähnlich wie am Ende von „2001: Odyssee im Weltraum" das reflektierende Visier am Helm von Dave Bowman dessen Weg nachzeichnet, während der Weltraumfahrer durch den Strudel des Stargate in neue Dimensionen gewirbelt wird, die jenseits der Grenzen des physischen Universums liegen. Die Welten der Materie werden überschritten und umgewandelt in einen gefalteten, verschlungenen Tanz von Zeit, Ereignis und Energie.

Buckle Your Seatbelt Dorothy...

Gespräch zwischen Sebastian Kuhn
und Jürgen Knubben
Forum Kunst Rottweil, Februar 2008

Jürgen Knubben: Eine Frage steht hier im Raum, lieber Sebastian Kuhn, können Sie eigentlich Klavier spielen, sind Sie Pianist, sind Sie überhaupt musikalisch?

Sebastian Kuhn: Ich würde schon sagen, dass *ich musikalisch bin, ich spiele auch Klavier, aber nicht in Form von Konzerten, sondern am liebsten allein für mich.*

Ihre Arbeiten, auch die frühen, waren schon immer sehr tänzerisch, hatten eine rhythmische Dimension. Woran liegt das?

Die Rhythmik, die Sie ansprechen, kann *man am direktesten auf das Schlagzeugspiel zurückführen. Das Schlagzeug ist dasjenige Instrument, das ich am meisten vertieft habe. Über lange Jahre hinweg bin ich mit Bands aufgetreten und spiele auch jetzt noch, meistens in Form von Jam Sessions oder auf offenen Bühnen. Zum anderen hat die Beschäftigung mit dem Thema Tanz auch in einem weiteren Sinn ihre Wurzeln in meiner Kindheit. Ich habe mit meiner Familie sehr oft das Theater und später vor allem auch Ballettaufführungen besucht und bin immer wieder in Proben von Ballettstücken gelangt, um dort zu zeichnen und Bewegungen und Bewegungsabläufe zu studieren. Man kann sagen: hier begann meine Auseinandersetzung mit dem menschlichen Körper,*

Conversation between Sebastian Kuhn
and Jürgen Knubben
Forum Kunst Rottweil, February 2008

Jürgen Knubben: There is a question hanging *in the room, dear Sebastian Kuhn: do you actually play the piano, are you a pianist, are you at all musical?*

Sebastian Kuhn: I would definitely say that I am musical, I also play the piano although not in concerts but preferably for myself.

Your works, also the early ones, have always *been like dances, they had a rhythmic dimension. Why is that?*

The rhythmic component you are addressing here can most directly be traced back to playing the drums. The drums are an instrument I have focussed on most. For many years, I performed with bands and I still play, mostly in jam sessions or on open stages. On the other hand, occupying myself with the topic of dance also in a broader sense goes right back to my childhood. Our family very often went to the theatre and later above all to see ballet performances as well and I kept attending rehearsals of ballet pieces in order to draw there and study motions and sequences of movements. One might say: that was when I started to concentrating on the human body, with movement in particular, as the basis of my work. Motion is also very important for the development of sculptures which are not directly derived from the body.

mit Bewegung im Speziellen als Basis meiner Arbeit. Diese ist auch bei Skulpturen, die nicht direkt vom Körper her kommen, sehr wichtig für deren Entwicklung.

Die ersten Arbeiten, die ich von Ihnen gesehen habe, tragen Titel wie Für Vivaldi und Piazzolla oder Für Ballett, also Arbeiten, die schon in ihrem Titel sehr auf Musik und Tanz verweisen. Welche Rolle spielen Titel in Ihrer Arbeit, sind sie zuerst da oder entwickeln sie sich erst, nachdem Sie eine Arbeit fertig gestellt haben?

***Eigentlich beides. Oft entwickeln sich Arbeit** und Titel miteinander. Ausgehend von einer Idee zu einer Arbeit, die sich auf etwas bezieht, fange ich an, diese zu entwickeln. Manchmal bleibt der Titel, der eng mit der Idee verknüpft oder deren wörtliche Entsprechung ist, genau so bestehen. Doch wachsen Titel auch mit den dazugehörigen Arbeiten mit und verändern sich. Titel sind für mich Werkzeuge, mit denen ich Hinweise geben, Verknüpfungen erstellen und den Betrachter auf meine Fährte leiten kann. Sozusagen eine Art Schlüssel. Das war nicht immer so. Früher habe ich auch Arbeiten entwickelt, die sehr selbstbezogen und in erster Linie materialvordergründig waren und keinen Titel oder die Bezeichnung* o.T. *getragen haben, was ja ebenfalls eine Titelaussage ist.*

Das Material ist auch bei den aktuellen Werken immer noch der wichtigste Bestandteil und steht im Vordergrund, allerdings haben andere Ebenen, wie etwa der Titel, an Wichtigkeit gewonnen. Ich versuche, sehr spielerisch damit umzugehen und parallel zum physisch präsenten Werk mithilfe von Worten Bedeutungszusammenhänge zu bauen.

Über einzelne Titel werden wir später noch sprechen. Sie sind Absolvent der Akademie der Bildenden Künste in Nürnberg. Zunächst waren Sie in der Klasse von Tim Scott, und Ihren frühen Arbeiten, die meist in Materialien wie Holz und Stahl—bisweilen auch kombiniert—entstanden sind, merkt man das deutlich an. Liegt das eher an der Person des Lehrenden als an der des Lernenden, oder an beiden?

***The first of your works I ever saw have titles** such as* Für Vivaldi und Piazzolla *or* Für Ballett, *and were thus works which, already in their title, very much point to music and dance. What roles do titles play in your work, do they exist first or do they only develop after you have completed a work?*

Both, actually. Often the work and the title evolve together. Starting out from an idea for a work which refers to something, I then start to develop it. Sometimes the title, which is closely connected with the idea and its correspondence in verbal form, stays exactly the same. But titles also grow together with the respective works and they change. For me, titles are tools I can use to give hints, form connections and put the viewer on my track. A kind of key, so to speak. That was not always the case. Earlier, I also developed works which very much referred to themselves and whose material was in the foreground and they had no title or were called Untitled, which in a way is also a statement about the title.

In the current works, the material is still the most important component and it is in the foreground, yet other levels, such as the title, have become increasing more significant. I try to handle this in a very playful manner and to, with words, form connections of meaning parallel to the physically present work.

***We will talk about individual titles again later.** You are a graduate of the Academy of Fine Arts in Nuremberg. Initially you were in Tim Scott´s class and this clearly shows in your early works which were mostly made of materials such as wood and steel—at times also in combination. Was this more because of the person of the teacher or the student or both?*

In my case, or I should really say in our case, because it applies to many of his students, it very much depended on the person of Tim Scott as a teacher. I think we all struggled with his kind of the teaching, with the way Tim Scott communicated sculpture to us. I do, however, mean that here in a positive sense. As I understood Tim Scott and

***In meinem, oder ich muss eigentlich sagen:** unserem Fall, weil es auf viele seiner Studenten zutrifft, liegt es sehr stark an der Person des Lehrers Tim Scott. Ich denke, wir hatten alle mit der Art der Lehre, so wie uns Tim Scott Bildhauerei vermittelt hat, zu kämpfen. Allerdings meine ich dies hier in einem positiven Sinn. So wie ich Tim Scott verstanden und wie ich diese Vermittlung erfahren habe, war es eine sehr gute Basislehre für die Auseinandersetzung mit bildhauerischen Problemen. Ich möchte diese Zeit nicht missen, und sie war für meine Entwicklung von großer Bedeutung. In sehr persönlichen Gesprächen mit Tim Scott hat dieser auch immer wieder betont, dass er die Akademie, das Kunststudium als Zeit sieht, in der man die Freiheit hat, sich mit Dingen intensiv auseinanderzusetzen. Für ihn gehörten dazu aber auch zu einem großen Teil von ihm aufgezeigte Probleme, mit denen wir Studenten uns beschäftigen sollten. Da dies meist Fragen waren, die er sich selbst stellte, und Aufgaben, die sehr nah an seiner eigenen Arbeit als Bildhauer waren, ist diese sichtbare Nähe nicht verwunderlich. Die Übersetzung der uns umgebenden Welt in physische Skulptur, und in diesem Zusammenhang das Thema der Bildhauerei schlechthin, nämlich der menschliche Körper, waren Dreh- und Angelpunkt dieser Lehre. Diese intensive Auseinandersetzung mit identischen Problemstellungen führte natürlich zu ähnlichen formalen Lösungen, und so hieß es oft, man könne unsere Arbeiten in der Klasse nicht voneinander unterscheiden. Doch wie gesagt war es unter dem Aspekt einer Art Basislehre eine sehr wichtige Zeit für mich. Scott betonte auch immer wieder, wie wichtig es sei, sich später von dieser Lehre zu befreien und seinen eigenen Weg zu finden. Er sagte einmal zu mir: „Du musst nicht mich mit Deiner Arbeit schocken, sondern meine Arbeit." Und er meinte dieses Schocken in einem äußerst positiven Sinn.*

Meine weitere Studienzeit bei Claus Bury war diesbezüglich besonders wichtig und kam auch zum richtigen Zeitpunkt, da dieser ein völlig anderes Lehrkonzept verfolgte, nämlich den Studenten alle Freiheit zu lassen und dadurch die persönliche Entwicklung

as I experienced this communication, it was a very good fundamental teaching for dealing with problems related to sculpture. I wouldn´t want to miss that time and it was very significant for my development. In very personal talks with Tim Scott, he always also emphasized that he looks upon the academy, the studies of art, as a time when one has the freedom to intensely investigate things. For him, a major part of that were problems he posed for us students to deal with. Since it was mostly questions he asked himself and tasks which were very close to his own work as a sculptor, this visible similarity is not surprising. The translation of the world surrounding us into physical sculpture and in this context the epitome of the topic of sculpture, namely the human body, was the hub and crux of his teaching. This intense dealing with identical problems of course resulted in similar formal solutions and thus it was often heard that one could not tell the works of our class apart. But, as I said, it was a very important time for me under the aspect of a kind of basic training. Also, Scott again and again stressed how important it was to free oneself later from this training and find one's own way. Once he said to me: "You don't have to shock me with your work, but my work." And he meant this "shocking" in a highly positive sense.

My further studies with Claus Bury were extremely important in this respect and they also came at the right time since he had a completely different teaching concept: to give the students all the freedom and thereby making the personal development of each and everyone a priority from the very beginning.

***Here you are touching on a specific point: Over** time, your sculptures have markedly changed. The material which was used was no longer that of a classical sculptor, the form that emerged was no longer the form of traditional sculpture. And I notice that you have not only developed further but that you have also become very independent, that you have found your own pictorial or rather sculptural language. In this context, how important*

des Einzelnen von Anfang an in den Vordergrund zu stellen.

Hier sprechen Sie einen Punkt an: Mit der Zeit haben sich Ihre Skulpturen deutlich verändert. Das Material, das zur Verwendung kam, war nicht mehr das des klassischen Bildhauers, die Form, die sich ausbildete, nicht mehr die Form der tradierten Plastik. Ich stelle fest, Sie haben sich nicht nur weiterentwickelt, sondern sind sehr selbständig geworden, haben Ihre eigene Bild- beziehungsweise Bildhauersprache gefunden. Wie wichtig war in diesem Zusammenhang Ihr Studium bei Claus Bury?

Maßgeblich für die Veränderung der Erscheinung *meiner Arbeiten ist meine Suche nach neuem Material. Und hier war die Freiheit, wie sie Claus Bury als Lehrer verfolgt, seine Ermutigung zu Experimenten sehr wichtig. Diese Suche ist natürlich, wie ich eben schon ansatzweise versucht habe zu erklären, immer unabdingbar mit der Idee oder einem übergeordneten Gestaltungsprinzip für eine Arbeit verbunden. Grundsätzlich verwende ich ein Material immer aufgrund seiner inneren Eigenschaften. Materialien wie Stahl, Gummi oder auch Plexiglas sind sich in ihren Eigenschaften, auch wenn es auf den ersten Blick nicht so erscheint, in mancher Hinsicht doch relativ ähnlich. Eine Benutzung von Material aus rein ästhetischen Gründen wäre für mich im eigentlichen Sinne des Wortes oberflächlich. Am Beispiel Gummi lässt sich das sehr gut nachvollziehen. Wir alle kennen die physischen Charaktereigenschaften von Gummi. Es ist biegsam, störrisch und will immer wieder in seine ursprüngliche Form zurück. Es existiert in unterschiedlichsten Ausprägungen und Formen, als Schlauch, Bodenbelag, Dichtung oder in massiven Platten und großen Kuben. Ich habe versucht, diese verschiedenen Ausprägungen für meine Arbeit zu nutzen und durch ihre Kombination die Eigenschaften des Materials, also Biegsamkeit, Elastizität und auch die enorme aktive Kraft, meist durch relativ simple Manipulation wie Verspannung oder Einsatz der Schwerkraft, physisch, das heißt mit dem eigenen Körper, nachvollziehbar zu machen.*

were your studies with Claus Bury?

What is essential for the change in the appearance of my works is my search for new materials. And here freedom, as Claus Bury postulates it as a teacher, and his encouragement to do experiments, was very important. Of course, as I have just tried to explain, this search is always indispensably linked with the idea or with a higher design principle for a work. In principle, I always use a material because of its inherent characteristics. Materials such as steel, rubber or perspex are in many respects relatively similar even if it does not seem like that at first glance. Using a material for purely aesthetic reasons would for me be superficial in the true sense of the word. Taking rubber as an example, this can be shown quite well. We all know the physical characteristics of rubber. It is flexible, unmanageable and keeps trying to get back into its original shape. It exists in a variety of moulds and shapes, as a tube, a floor covering, sealing or massive slabs and large cubes. I have tried to use these various moulds for my work and, by combining them, demonstrated physically, meaning with my own body, the characteristics of the material, hence flexibility, elasticity and also the enormous active strength, mostly through a relatively simple manipulation such as stretching or using gravity.

Of course if one works with different materials at the same time, in combination or even as objects, new contexts are created and complex relationships.

This brings us to your exhibition in the *Forum Kunst Rottweil. Here you have at your disposal a room which is rather unusual in its dimensions, after all. This special architecture has frequently had the effect that extraordinary installations have been created here. It looks like for you this also determined the choice of the exhibits. All the works on display here have been created for this exhibition. What connection do you see between space and sculpture in general and in this room in particular?*

Wenn man nun mit verschiedenen Materialien gleichzeitig, in Kombination oder sogar mit Objekten arbeitet, entstehen natürlich wiederum neue Zusammenhänge und vielschichtige Bezüge.

Das führt uns zu Ihrer Ausstellung im Forum Kunst Rottweil. Sie haben hier einen in seinen Dimensionen doch sehr ungewöhnlichen Raum zur Verfügung. Diese besondere Architektur hat schon oft dazu geführt, dass sehr ungewöhnliche Installationen entstanden sind. Für Sie hat das allem Anschein nach auch die Auswahl der Exponate bestimmt. Alle hier ausgestellten Werke sind für diese Ausstellung geschaffen worden. Welchen Kontext zwischen Raum und Skulptur sehen Sie grundsätzlich und speziell hier in diesem Raum?

Skulptur findet im Raum statt. Das versteht *sich von selbst und ist einer der grundlegenden Unterschiede zur Malerei. Man verändert durch eine Skulptur immer den gegebenen Innen- oder Außenraum. Natürlich greife ich durch eine Installation, die direkt mit dem Raum verbunden ist, noch mehr in seine Struktur ein und verändere ihn vielleicht stärker als durch eine Skulptur, die transportabel von A nach B verrückt und in den nächsten Raum gestellt werden kann. Was mir am eindrücklichsten an diesem Raum auffiel, als ich ihn das erste Mal betrat, war seine Höhe und dass er sich richtig öffnet, wenn man ihn durch die Tür vom Treppenhaus kommend betritt. Die Frage für mich war dann, was kann ich für diesen Raum machen, der in seinem Charakter selbst schon so stark ist und soviel Persönlichkeit besitzt. Die Arbeiten, die ich nun hier zeige, sind eigentlich alle in sich geschlossen und nur in geringem Maße oder durch kleine, wenn auch sehr wichtige Punkte mit ihm verbunden.*

Die hängende Arbeit Superstrangelet *hat hier im Zusammenhang mit der Installation und der Positionierung der Skulpturen eine Schlüsselrolle. Sie weist zum einen auf den Raum hin, und zum anderen stellt sie Größenverhältnisse zwischen den einzelnen Arbeiten her, vorallem zwischen der Skulptur in der Mitte des Raums* (Polyrhythmic Walkabout) *und der Arbeit*

Sculpture takes place in space. This goes without saying and is one of the fundamental distinctions from painting. I believe that one always changes the existing interior or exterior space with a sculpture. With an installation which is directly connected with the room, I of course interfere even more with its structure and perhaps I change it more than through a sculpture which can be transported from A to B and simply put into the next room.

What struck me most about this room when I first entered it was its height and that it really opens up if one enters it through the door coming from the stairwell. Then I asked myself the question of what I can do for this room which itself already has such a strong character and such a lot of personality.

The works that I am now showing here are really all self-contained and interlinked only to a small degree or at small, although very important points.

The suspended work Superstrangelet plays a key role here in the installation and the positioning of the sculptures. On the one hand, it points to the room and, on the other, it determines the proportions of the individual works, above all between the sculpture in the middle of the room (Polyrhythmic Walkabout) and the work on the very high wall (Buckle Your Seatbelt Dorothy. .).

But what is essential is that the suspended work with its cable and plug really connects the wall, the floor and the ceiling and thereby also really traces the dimensions of the room.

Regarding the topic of the human figure in *connection to plastic or sculpture, there is a variety of associations. Where exactly in your works can this context be created? Do you start from the human figure when you plan a new work?*

That is on principle always the case. I look upon sculpture as something which faces me. That is why I always first of all start with my own body and with what I have opposite me, and this already in the beginnings of a work. Maybe this is why

an der sehr hohen Wand (Buckle Your Seatbelt Dorothy...). *Entscheidend allerdings ist, dass sie durch Kabel und Stecker Wand, Boden und Decke wirklich verbindet und somit auch die Dimensionen des Raums tatsächlich durchmisst.*

Beim Thema der menschlichen Figur in Verbindung zur Plastik bzw. Skulptur gibt es vielfältige Assoziationen. An welcher Stelle ist bei Ihnen dieser Kontext herzustellen? Gehen Sie von der menschlichen Figur aus, wenn Sie eine neue Arbeit entwerfen?

Grundsätzlich immer. Ich sehe Skulptur als *etwas an, das mir gegenübersteht. Also gehe ich zuallererst von meinem eigenen Körper aus und von dem, was ich da als Gegenüber habe, und das bereits in den Anfängen einer Arbeit. Vielleicht habe ich deshalb auch eine Vorliebe für Arbeiten, die größer sind als ich, meine eigenen Ausmaße überragen, denen ich entgegentreten kann und die dann etwas mit mir machen. Das ist ein extrem wichtiges Gefühl bei Skulpturen für mich. Als Beispiel muss ich hier Eduardo Chillida nennen, bei dessen Arbeiten ich dieses Gefühl sehr stark habe. Die treten mir aktiv gegenüber. Und ich versuche, Arbeiten zu machen, die man mit dem Körper erfährt, die man für sich durch Bewegung wahrnimmt und kennenlernt. Dreidimensionalität und Vielansichtigkeit sind elementare Eigenschaften, die meine Arbeiten aufweisen sollten. Das gilt auch im kleinen Maßstab und sogar bei Hybriden, wie etwa den Arbeiten, die für die Wand entstehen. Selbst die versuchen, sich weitestmöglich von ihrer räumlichen Begrenzung, also der Wand, wegzubewegen und alle Richtungen, die ihnen zur Verfügung stehen, zu nutzen.*

Ihre früheren Arbeiten waren mehr oder weniger monochrom, in Materialien wie Holz und Stahl. Mir fällt auf, dass Ihre Skulpturen zunehmend farbiger, ja bunter ausfallen. Welchen Grund hat diese Veränderung?

Vielleicht ist meine Zeit in London hierfür zu *einem großen Teil mitverantwortlich, zudem der glückliche Zufall, auf dem Weg zu meiner Arbeitsstätte einen kleinen Betrieb gefunden zu haben, der mich mit Acrylglasabschnitten versorgte.* I have a particular liking for works which are larger than I am, which top my own dimensions, works I can really face and which then affect me in some way. This for me is an extremely important feeling in sculptures. As an example, I have to refer to Eduardo Chillida in whose sculptures I get this feeling very strongly. They actively face me. And I try to make works one experiences with one's body, works one perceives as moving and gets to know. Three-dimensionality and multifacettedness are elementary features my works should have. This also applies on a small scale and even for hybrids such as the works created for walls. They as well try to move away as far as possible from their spatial restriction, the wall, and to make use of all the directions available.

Your earlier works were more or less *monochrome, out of materials such as wood and steel. I notice that your sculptures are becoming increasingly more coloured, even colourful. What is the reason for this change?*

Perhaps my time in London was largely responsible for this, also the happy coincidence of having found on the way to my workplace a small business which supplied me with sections of acrylic glass. Then again, I felt the need to use colour in my works for a long time, and colour can also be understood as a kind of material in a wider sense. Particularly specific colour combinations have become important. I think in my case this step is, on the one hand, a personal reflection of our time but, on the other, also an essential broadening of possibilities. In this, influences from younger English artists were also important, as well as of artists such as David Reed or Jessica Stockholder. This does not mean that each work I make has to be coloured or colourful, I will just the same continue to make monochrome sculptures, but I gave in to this need for colour and through this my works of course now cover more terrain.

The title of the exhibition as well as of the *large wall piece is* Buckle Your Seatbelt Dorothy. *. This*

Allerdings hatte ich auch schon lange das Bedürfnis, Farbe in meinen Arbeiten zu verwenden, und Farbe kann auch im weiteren Sinne als Material verstanden werden. Gerade bestimmte Farbkombinationen sind hier wichtig geworden. Ich denke, in meinem Fall ist dieser Schritt zum einen eine persönliche Reflexion unserer Zeit, zum anderen aber auch eine entscheidende Erweiterung von Möglichkeiten. Hierbei waren auch Einflüsse von Seiten jüngerer englischer Künstler wichtig, aber auch von Künstlern wie David Reed oder Jessica Stockholder. Das heißt nicht, dass nun jede Arbeit, die ich mache, farbig oder bunt sein muss, ich werde genauso weiterhin einfarbige Skulpturen machen, doch habe ich diesem Bedürfnis nach Farbe nachgegeben, und dadurch bewegen sich meine Arbeiten natürlich auf einem weiteren Terrain.

Der Titel der Ausstellung sowie der großen Wandarbeit heißt: Buckle Your Seatbelt Dorothy... Dieses Zitat bezieht sich eigentlich auf zwei Filme, könnten Sie es näher erklären?

Dieser Satz ist dem Film „Matrix" entlehnt und *hat mich zum einen zu der großen Wandarbeit hier bewegt. Er stellt in seiner Bedeutung zudem eine Beziehung zu einem anderen Film her, nämlich zum „Zauberer von Oz". Aus diesem Grund fand ich ihn auch treffend für die Ausstellung, da dieses Sich-Beziehen auf ein früheres Werk in der Kunst oder auch auf Zusammenhänge aus Film, Wissenschaft oder Musik ein weiterer sehr wichtiger Punkt bei der Entwicklung meiner Arbeiten und in Bezug auf jede einzelne hier gezeigte Arbeit elementar ist. Ich formuliere oft Fragestellungen, wie sie in der Kunst existierten, für mich neu und versuche, diese auf meine eigene Art und in unserer Zeit neu zu beantworten und auch in Zusammenhang mit anderen Problemen zu stellen.*

Das bringt mich zu einer weiteren Frage: Sie zitieren gerne, sei es nun in Ihren Skulpturen oder auch in den dazugehörigen Titeln. Können Künstler überhaupt das Rad neu erfinden?

Ihr eigenes (lacht)! Nein, ich denke, das ist *etwas, was man nicht kann. Ich bin keineswegs*

The title of the exhibition as well as of the large wall work is: Buckle Your Seatbelt Dorothy... This *quotation actually refers to two films, could you explain this?*

This sentence is from the film "Matrix" and, on the one hand, has inspired me to the large wall work here. In its meaning, it creates a connection to another film, namely "The Wizard of Oz". For this reason, I also thought it fitting for the exhibition since this referring to an earlier work of art or to connections with film, science or music is another very important aspect and fundamental in the development of my works and with regard to every single work shown here. I do this quite often, that I newly formulate questions which have existed in art and I then try to answer them in my very own way, and suitable for our time, as well as putting them in the context of other problems.

This brings me to a further question: You like *to quote, be it in your sculptures or also in their titles. Is it really possible for artists to re-invent the wheel?*

Their own (laughs)! No, I believe this is something one cannot do. I am absolutely not a traditionalist but, in my opinion, it is the wrong approach to create something "new" come hell or high water. I try to find something new to me but still on the basis of what has happened so far, of what I have known so far. I think it would be empty of meaning or very far from serious creating if one started working with the isolated thought of "only" wanting to create something new. A link to what was before is always being made. After all, the wheel also evolved in very different ways, depending on what was needed, but it is still round like the very first one that was able to roll.

Traditionalist, aber meiner Meinung nach ist es die falsche Herangehensweise, auf Teufel komm raus etwas „Neues" zu machen. Ich versuche, für mich Neues zu finden, aber eben auf der Basis des Geschehenen, von dem ich bis dato weiß. Ich denke, es wäre sinnentleert oder weit weg von einem ernsthaften Schaffen, wenn man mit dem isolierten Gedanken, „nur" etwas Neues machen zu wollen, an die Arbeit gehen würde. Eine Verbindung zu dem, was vorher war, wird immer geschaffen. Das Rad hat sich ja auch auf sehr unterschiedliche Art und Weise entwickelt, eben je nach der entsprechenden Problemstellung, aber rund, so wie das erste, das rollen konnte, ist es immer noch.

Caravaggio Reloaded

Zu den aktuellen Arbeiten von Sebastian Kuhn
Birgit Möckel
Berlin, März 2008

Die Entfaltung der Illusion durch raffinierte Lichtführung, Spiegelungen und das perfekte Spiel mit Trompe-l'œil-Effekten in Stuck und Malerei, verbunden mit einem untrüglichen Gespür für bewegte, emotionsgeladene Momente ist kennzeichnend für die letzte, noch alle Gattungen umfassende Epoche der europäischen Kunst, den Barock. **You, Me and Caravaggio** nennt Sebastian Kuhn im Jahre 2007 ganz sachlich seine eigene Auseinandersetzung mit jenem Protagonisten, der wie kaum ein anderer Bewegung, Zeit und Sinnlichkeit in seinen dramatisch inszenierten Gemälden festhält. In Caravaggios großformatigem Gemälde „Gastmahl in Emmaus", das Sebastian Kuhn während seines Studienaufenthaltes in London dort für sich in der National Gallery entdeckte, verdichtet sich der Moment der Erkenntnis, indem durch raumgreifende Gesten und perspektivische Verkürzungen die Distanz zwischen Bild, Zeit und Raum aufgehoben scheint. Für den Betrachter zum Greifen nahe balanciert ein Früchtekorb an der Tischkante und steigert damit ein als Randmotiv eingesetztes Sinnbild der Vergänglichkeit irdischer Pracht in räumliche Dimensionen.

Sebastian Kuhn reizte dieser formal wie inhaltlich gleichermaßen spannungsreiche Aufbau, sich

On the current works by Sebastian Kuhn
Birgit Möckel
Berlin, March 2008

The unfolding of the illusion through ingenious direction of light, reflections and the perfect play with trompe l'œil effects in stucco and painting, combined with an unfailing feel for moments full of motion and emotion, is characteristic for the last epoch of European art still encompassing all the genres, Baroque. **You, Me and Caravaggio** is what in the year 2007 Sebastian Kuhn very factually calls his own dealing with this protagonist who, like almost no other, fixes motion, time and sensuality in his dramatically staged paintings. In Caravaggio's large-format painting **Supper at Emmaus**, which Sebastian Kuhn discovered for himself in the National Gallery in London where he studied, the moment of recognition is condensed because the distance between image, time and space seems abolished through space-consuming gestures and foreshortenings. So close to the viewer it seems within reach, a basket of fruit balances at the edge of the table and thus raises the symbol of the transience of earthly splendour placed there as a marginal motif into spatial dimensions.

Sebastian Kuhn was tempted by this composition—equally exciting regarding form and content—into focusing as a sculptor anew with the questions resulting from it. His answer

als Bildhauer neu mit daraus resultierenden eigenen Fragestellungen auseinanderzusetzen. Seine Antwort ist so verblüffend nah und gleichzeitig „Galaxien" weit entfernt. Wie ein Raum-Zeit-Vektor lässt sich die diagonal angelegte Komposition lesen, in der Farbe zu Materie komprimiert und gleichzeitig beschleunigt erscheint. Dynamische Spannung und sinnliche Fülle finden ihre kongeniale Entsprechung im Material. Von dunkel nach hell, von opak bis transparent, von glänzend bis stumpf, von flexibel bis starr reicht die Spannung der Elementarteilchen, die sich in mikro- wie makroskopische Dimensionen weiterdenken lassen. **You, Me and Caravaggio** steht beispielhaft für die fortdauernde Begegnung mit Anregungen aus der Kunstgeschichte, die in Kuhns Œuvre verdichtet und transformiert anklingen.

Mit seinen raumgreifenden Wandarbeiten fixiert Sebastian Kuhn farbintensive Zwischenstadien, die er als Hybride bezeichnet und mit einem der Teilchenphysik entlehnten Begriff **Strangelets** nennt. Sie spiegeln, beispielsweise in **Morning Struggle**, Atmosphärisches wie Licht und Dunkelheit mit poetischer Klarheit und Vehemenz oder stecken, wie in **Frisky Moments**, voll ausgelassener Bewegung. Jedes Objekt präsentiert ein kurzes Innehalten auf dem Weg zum nächsten Schritt in die Zukunft, hin zu einem neuen . .**Standardmodel**, so der Titel einer 2007 vollendeten Installation. Die Werke öffnen einen unendlichen Kosmos skulpturaler Ideen und bilden gleichzeitig einen vielgestaltigen Kommentar auf die so überzeugend illusionistische Malerei des Barock und anderer Stilrichtungen der Kunstgeschichte. „Wahrnehmen heißt, die Welt zu pulverisieren, aber auch, ihren Staub zu spiritualisieren", zitiert Kuhn, einem Leitmotiv für sein eigenes Werk gleich, Gilles Deleuze, mit dessen philosophischen Betrachtungen zum Thema „Die Falte. Leibniz und der Barock" sich der Künstler auch in einer theoretischen Abhandlung im Rahmen seines Studiums in London eingehend befasste.[1]

Reminiszenzen an die barocke Formensprache

is so surprisingly close and yet "galaxies" away. The diagonally arranged composition can be interpreted as a time-space vector, where colour is condensed into material and at the same time seems accelerated. From dark to light, from opaque to transparent, from shiny to dull, from flexible to rigid ranges the tension of the elementary particles which can mentally be continued into micro- as well as macroscopic dimensions. **You, Me and Caravaggio** is an example of the continuous encounter with inspirations from the history of art which can be discerned in Kuhn's œuvre as condensed and transformed.

With his space-consuming wall works, Sebastian Kuhn fixes colour-intense intermediate stages he calls hybrids and names **Strangelets** with a term borrowed from particle physics. In **Morning Struggle**, for instance, they reflect what is atmospheric like light and darkness with poetic clarity and vehemence or, as in **Frisky Moments**, are full of mad movement. Each object presents a brief pause on the way to the next step into the future, to **For a New Standardmodel**—the title of an installation completed in 2007. The works open up an endless cosmos of sculptural ideas and, at the same time, form a multi-shape commentary on the so convincingly illusionist painting of Baroque and other styles in the history of art. "Perceiving means pulverizing the world but also spiritualizing its dust," Kuhn like a leitmotif for his own work quotes Gilles Deleuze whose philosophical observations on the theme of "The Fold. Leibniz and the Baroque" the artist intensely studied for his dissertation in London.[1]

Reminiscences of the Baroque language of forms are found in a variety of ways in the work of the sculptor. Thus **Linear for Baroque** and **Bubble for Baroque**, two small-format works from the year 2006, show playful patterns of movement which question the gravitational forces with their different forms, in part graceful, then again clumsy. Dance-like light-footed lineations turn graceful

finden sich in vielfältiger Weise im Werk des Bildhauers. So zeigen **Linear for Baroque** und **Bubble for Baroque**, zwei kleinformatige Arbeiten aus dem Jahre 2006, spielerische Bewegungsmuster, die einmal anmutig, einmal schwerfällig mittels unterschiedlicher Formen die Schwerkräfte befragen. Tänzerisch leichtfüßige Lineaturen drehen grazile Arabesken im Raum, während perlförmige molekulare Klumpen zwar verheißungsvoll schimmern, sich jedoch kaum vom Boden zu lösen vermögen. In den unterschiedlichsten Dimensionen zusammengeführt mutieren die im Barock angelegten Keime zu einem **Bubble Project**, das sich seit 2007 als organisch anmutende Ansammlung großer und kleiner Blasen seinen Weg durch den Grund einer Feuerwehrschule bahnt und nicht zuletzt in seiner physischen Erscheinung auf die Funktion des Gebäudes verweist.

Come on Theresa betitelt Kuhn eine 2006 vollendete Skulptur, in der die geradezu körperliche Auseinandersetzung mit dem Werk Gianlorenzo Berninis, dem Inbegriff barocker Bildhauerkunst, virulent wird. Dessen Fähigkeit, Marmor eine körperhafte Lebendigkeit einzuverleiben, wird von Sebastian Kuhn als Aufforderung begriffen, sich mit den Bedingungen von Material und nicht zuletzt auch der Geschichte der Bildhauerkunst auseinanderzusetzen. Kuhns so leicht hingeworfen wirkende Faltungen aus Stahl wurden durch kraftvolles Biegen, Pressen und Schlagen erzeugt. Scheinbar schwerelos liegen sie jetzt über drei schlichten weißen Kuben, die in ihrer klaren Form sowohl als Sockel dienen, als auch in der Reihung an minimalistische Skulpturen erinnern. Im Dialog der Formen und Materialien treffen sich organische und architektonische Strukturen und mit ihnen zeitliche und räumliche Abfolgen.

Vordringlich sind hier die Faltenformen, die an Draperien erinnern. Diese so dinglichen wie bewegten Zeichen barocker Rauminszenierung erschließen ein unendliches, vibrierendes Universum von Raum und Zeit. „Falten—Entfalten heißt nicht einfach Spannen—Entspannen,

arabesques in the room while pearl-shaped molecular lumps, although shimmering promisingly, are hardly able to lift off the floor. Brought together in a variety of dimensions, the seeds planted in the Baroque period mutate into a **Bubble Project** which since 2007 has been making its way through the floor of a fire brigade school as an organically looking collection of larger and smaller bubbles and, not last due to its physical appearance, refers to the function of the building.

Come on Theresa Kuhn entitled a sculpture completed in 2006 in which the downright physical confrontation with the work of Gianlorenzo Bernini, the essence of Baroque art of sculpture, becomes virulent. Bernini´s ability to supply with a corporal vividness is seen by Sebastian Kuhn as an invitation to focus on the conditions of the material and not last also the history of sculpture. Kuhn's seemingly so easily projected folds made of steel have been produced by forceful bending, pressing and beating. Seemingly weightless, they now lie over three plain white cubes which, with their clear shapes, serve as a pedestal and also remind of Minimalist sculptures. In the dialogue of the forms and the materials, organic and architectural structures and with them temporal and spatial sequences meet.

Most important here are the forms of the folds remind of draperies. These signs of Baroque spatial staging—as factual as moved—open up an endless vibrating universe of space and time. "Folding—unfolding does not simply mean stretching—unstretching, contracting—expanding, but wrapping—unwrapping, retro-developing—further developing. The organism is defined by its ability to fold its own parts into infinity and to unfold them, not into infinity but to that degree of development assigned to the species,"[2] Deleuze described the largest possible freedom found in this form which—related to sculpture—always also finds its limits in the material used.

For a long time now, sculpture has left its pedestal, since the sixties of the 20th century it has

Zusammenziehen—Ausdehnen, sondern Umhüllen—Auswickeln, Zurückentwickeln—Fortentwickeln. Der Organismus wird durch seine Fähigkeit definiert, seine eigenen Teile ins Unendliche zu falten und sie zu entfalten, nicht ins Unendliche, sondern bis zu dem Grad der Entwicklung, die der Art bezeichnet ist"[2], beschreibt Deleuze die in dieser Form gefundene größtmögliche Freiheit, die—auf die Skulptur bezogen—ihre Grenzen stets auch im verwendeten Material findet.

Längst hat die Skulptur den Sockel verlassen, hat seit den 60er Jahren des 20. Jahrhunderts jegliche Fundamente und Zwischenräume vermessen und verortet und kann doch immer wieder als Ausgangspunkt für eigene Erkundungsreisen in heutiger Zeit genutzt werden. „Um lebendig zu bleiben, muß die Skulptur immer wieder neu erfunden werden", formulierte Anthony Caro seinen Anspruch an die Auseinandersetzung mit der Vergangenheit[3]. Mit seinen „Table Pieces" beschritt er einen Weg, das Thema Sockel neu zu besetzen. Sebastian Kuhn geht weiter. Als gleichberechtigter Partner innerhalb einer Gesamtkomposition kann der Sockel als neutrale Masse, als historischer Verweis oder als Raum gesehen werden, aus dem sich ein Werk entwickelt oder auf den es zurückgeführt werden kann. **Déjà-vu** aus dem Jahre 2008 vereint mit seinem aus einer alten Türfüllung hergestellten „klassischen" Sockel Vergangenes und Gegenwärtiges, um im Zusammenprall und in der gegenseitigen Durchdringung dieses scheinbar disparaten Formenkanons einen „Fehler im System" (Matrix) zu offenbaren, der die Frage nach der Richtung so klar wie sinnbildlich manifestiert.

Die Wahl des Materials ist für Sebastian Kuhn von grundlegender Bedeutung. Dessen Eigenschaften und stoffliche Erscheinung entsprechen der dem Werk zugrunde liegenden künstlerischen Idee und eröffnen Schichten jenseits der puren Oberfläche. Das zeigt sich in seinen frühen Holzskulpturen genauso wie in jenen Objekten, in denen der Werkstoff Gummi die Basis für eine Reihe

crossed and located any fundaments and interstices and can still be used as the starting point for one's journeys of discovery in the present time. "In order to stay alive, sculpture has to be newly invented again and again," Anthony Caro formulated his demand for dealing with the past[3]. With his "Table Pieces", he set out on a path to give new meaning to the theme of the pedestal. Sebastian Kuhn goes a step further. As an equal partner within an overall composition, the pedestal can be seen as a neutral mass, as a historical refe-rence or as a space from which a work develops or to which it can be reduced. With its "classical" pedestal made from an old door filling, **Déjà-vu** from the year 2008 combines past and present in order to reveal in this clash and in the mutual penetration of this seemingly disparate canon of forms a "fault in the system" (Matrix) which manifest the question of the direction just as clearly as symbolically.

For Sebastian Kuhn, the choice of the material is of prime importance. Its characteristics and physical appearance correspond to the artistic idea on which the work is based and open up layers beyond the mere surface. This shows in his early wood sculptures just as much as in those objects with rubber as the material to form the basis for a series where it is used to produce concentrated moments of tension in an abstract way and questions physical forces. Similar to a transformation into the industrial age, these folds and bends, seeming as elastic as rigid, pause as monochrome structures in a tense calm and, not last, also dim the incident light. Plastic and acrylic glass, on the other hand, but also shiny varnished wood, let through light, reflections and refractions, spaces grow into infinity and quite concretely involve the viewer in this play with space and time. We see ourselves in the shimmering and reflecting surfaces and become ourselves part of the reflection, part of a work, in order to again bounce off the soft, opaque elements, to doubt and to again find ourselves in the everyday reality. As easily as in a fairytale or a film, we experience illusion and

bildet, mit der auf abstrakte Weise konzentrierte Spannungsmomente erzeugt und physikalische Kräfte befragt werden. Gleich einer Transformation in das Industriezeitalter verharren diese so elastisch wie störrisch erscheinenden Falten und Biegungen als monochrome Strukturen in gespannter Ruhe und dämpfen nicht zuletzt auch einfallendes Licht. Kunststoff und Acrylglas hingegen, aber auch glänzend lackiertes Holz lassen durch Licht, Spiegelungen und Brechungen Räume ins Unendliche wachsen und beziehen den Betrachter ganz konkret in dieses Spiel mit Raum und Zeit ein. Wir sehen uns in den schimmernden und reflektierenden Oberflächen und werden selbst Teil der Reflexion, Teil des Werkes, um an den weichen, opaken Elementen wiederum abzuprallen, zu zweifeln und uns in der alltäglichen Realität wiederzufinden. Leicht wie im Märchen oder Film erfahren wir Illusion und Wirklichkeit. So haptisch und dinglich können Raum und Zeit sein.

„Buckle Your Seatbelt" scheint nicht nur an jenes kleine Mädchen Dorothy gerichtet, das ein Sturm in das geheimnisvolle Land Oz verschlägt. Die Welt um uns hat sich weiter beschleunigt, und ihr Sog zieht uns mit. Waren es einst glänzende Seen in der Natur und prächtige Spiegelkabinette, die die barocke Pracht ins Unendliche wachsen ließen, entpuppen sich die drei Halbkugeln in Kuhns aktueller Arbeit als überdimensionale Überwachungsspiegel, die wir aus neuen Zusammenhängen kennen. Nein, der Schein trügt nicht.

In **Superstrangelet** (2008) vermisst das Kabel als Linie den Raum und führt doch auch zu einer Steckdose, die dem Schwarzlicht die Energie zuführt, die die schwebenden Plexiglasteilchen wie ein Magnet anzuziehen scheint. Seine tatsächlich erhellende Wirkung kann sich jedoch nur im Dunkeln entfalten. Sebastian Kuhns Werke übersetzen, wie er es selbst formuliert, „die Welt, die uns umgibt, in physische Skulptur"[4]. Sie entfalten eine visuelle Sogwirkung, locken uns durch glänzende Oberflächen, sprechen zu uns durch zeichenhafte Kürzel oder Titel, um uns in ihre und von dort

reality. That is how haptic and objective space and time can be.

„Buckle Your Seatbelt“ seems not only addressed to that little girl Dorothy taken by a storm to the mysterious Land of Oz. The world around us has continued to accelerate and its suction pulls along. If once there were shining lakes in nature and magnificent mirror cabinets which made the Baroque splendour grow into infinity, the three half-spheres in Kuhn's current work reveal themselves as oversized surveillance mirrors which we know from new contexts. No, appearances are not deceptive.

In Superstrangelet (2008), the cable crosses the space as a line yet also leads to a socket which supplies the energy for the black light which seems to attract the floating perspex particles like a magnet. Yet its actual lightening effect can only unfold in the dark. Sebastian Kuhn's works translate, as he himself puts it, "the world which surrounds us into physical sculptures"[4]. They unfold their visual suction effect, entice us with shiny surfaces, talk to us with iconic signs or titles in order to catapult us into their world and then back to our world again from there. Here we as well have to locate ourselves anew.

The most recent work Polyrhythmic Walkabout (2008) also questions the historical vocabulary of art in many ways. In this monumental composition, three grand pianos are linked which unfold in space. Depending on the perspective, dark or light sides catch the eye. In addition, the panes which are varnished black and clad with white PVC remind of graphic collage elements and colour fields which the Cubists at the beginning of the modern age used to bring about a decisive change in the painting of the modern times by dissolving the illusion of perspectivally produced depth and brought the image back into the plane. Parallel to this, by multiplying the forms there is a continuation of those principles in which the Futurists at the time saw the visual correspondence to velocity and technical progress.

wieder zurück in unsere Welt zu katapultieren. Hier müssen auch wir uns immer wieder neu verorten.

Auch die aktuellste Arbeit, **Polyrhythmic Walkabout** (2008), befragt vielschichtig das historische Vokabular der Kunst. In dieser monumentalen Komposition verbinden sich drei Flügel, die sich im Raum entfalten. Je nach Perspektive springen dunkle oder helle Seiten ins Auge. Darüber hinaus erinnern die schwarz lackierten und mit weißem PVC verkleideten Platten an graphische Collage-Elemente und Farbflächen, mittels derer die Kubisten am Anfang der Moderne eine entscheidende Wende in der Malerei der Neuzeit einleiteten, indem sie die Illusion von perspektivisch erzeugtem Tiefenraum auflösten und das Bild in die Fläche zurückführten. Parallel wird durch die Multiplizierung der Formen an jene Prinzipien angeknüpft, in denen die Futuristen einst eine visuelle Entsprechung von Geschwindigkeit und technischem Fortschritt sahen.

Jetzt sind die Flügel neu gerichtet, in zahllose Richtungen gestellt, ineinander gesteckt und miteinander verschraubt. Die Kanten verdichtet türkisfarbenes, zartes, flauschiges Gewebe, das von den massiven Hölzern fast verschluckt wird und seine Wirkung vor allem der Farbe verdankt. Nicht zuletzt klingt in dieser Komposition die Musik an, für die die ursprünglichen, noch immer elegant glänzenden Flügel einst geschaffen wurden. In einer weiteren Arbeit zu diesem Themenkreis, **Jamming with Scofield** (2007), werden weit leisere und zartere Töne angeschlagen. Gehalten durch glänzende Schlagzeugständer entfalten sich schwebend leicht farbige Plexiglasplatten im Raum, deren Transparenz und Glanz durch gefrostete, milchige Oberflächen gebrochen wird. Auf diese Weise ist einer so flüchtig scheinenden Materie optisch Substanz und Gewicht verliehen, während Farb- und Lichtnuancen diese offene Jam-Session von allen Seiten neu beleben. Im Sehen eröffnet sich ein immer neues Spiel.

Raum, Zeit, Material und Geschichte—immer wieder werden diese Stoffe im künstlerischen

Now the grand pianos have been newly arranged, positioned into innumerable directions, inserted into each other and screwed together. The edges are reinforced with turquoise-coloured, soft, fluffy textile which is almost swallowed up by the massive wood and owes its effect above all to colour. Not last, this composition alludes to the music for which the original, still elegantly shining grand pianos had been created at the time. In a further work on this thematic complex, **Jamming with Scofield** (2007), much lower and softer tones are struck. Supported by gleaming drum stands, floating light perspex sheets unfold in space where their transparency and shine is refracted by frosted, milky surfaces. In this way, a seemingly so fleeting material is optically given substance and weight, while nuances of colour and light enliven this open jam session anew from all sides. An ever new play is revealed while we watch.

Space, time, material and history—again and again these objects are investigated and questioned in artistic creation. Very naturally, in the process relations with nature, science and art appear. Sebastian Kuhn's works thus reflect real and illusionary and, not last, virtual phenomena of our world. They open up spaces of seeing, of thinking and very concretely as existential components of sculpture. The old world lies behind us and yet has arrived in the present together with us—reloaded—objectified in sculpture.

Schaffen erkundet und befragt. Ganz selbstverständlich eröffnen sich dabei Bezüge zu Natur, Wissenschaft und Kunst. Sebastian Kuhns Werke reflektieren so reale wie illusionäre und nicht zuletzt virtuelle Erscheinungen unserer Welt. Sie öffnen Räume im Sehen, im Denken und ganz konkret als existentieller Bestandteil der Bildhauerei. Die alte Welt liegt hinter uns und ist doch mit uns im Heute angekommen—reloaded—verdinglicht in Skulptur.

1 www.sebastiankuhn.com und Sebastian Kuhn: *Inside the Fold*, MA Research Paper, London 2007

2 Gilles Deleuze: *Die Falte.* Leibniz und der Barock, Frankfurt am Main 2000, S.20

3 Zitat nach: Armin Zweite: *Art keeping on the move.* Zu einigen neueren Arbeiten von Anthony Caro, in: *Plätze und Platzzeichen*, Ausstellungskatalog Städtische Museen Heilbronn und Museum Würth, Künzelsau, 1996, S. 47

4 Interview Jürgen Knubben—Sebastian Kuhn, Forum Kunst, Rottweil, Februar 2008

1 www.sebastiankuhn.com and Sebastian Kuhn: *Inside the Fold*, MA Research Paper, London 2007

2 Gilles Deleuze: *Die Falte. Leibniz und der Barock*, Frankfurt am Main 2000, p.20

3 Cited after: Armin Zweite: *Art keeping on the move.* On some more recent works by Anthony Caro, see: *Plätze und Platzzeichen*, exhibition catalogue Städtische Museen Heilbronn and Museum Würth, Künzelsau, 1996, p. 47

4 Interview Jürgen Knubben—Sebastian Kuhn, Forum Kunst, Rottweil, February 2008

Katalog/**Catalogue**

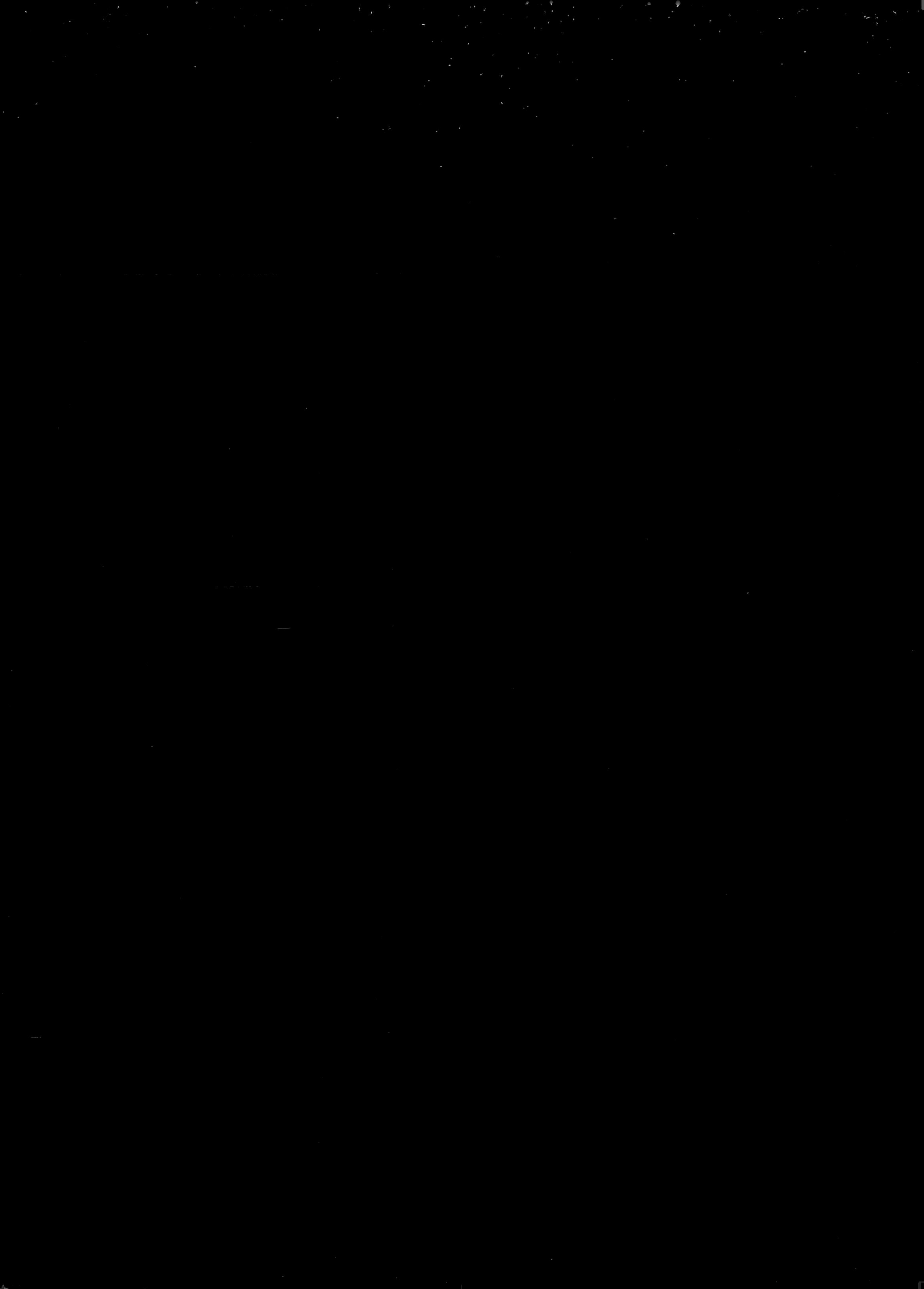

Come on Theresa
2006, Stahl und Holz
220 x 150 x 100 cm

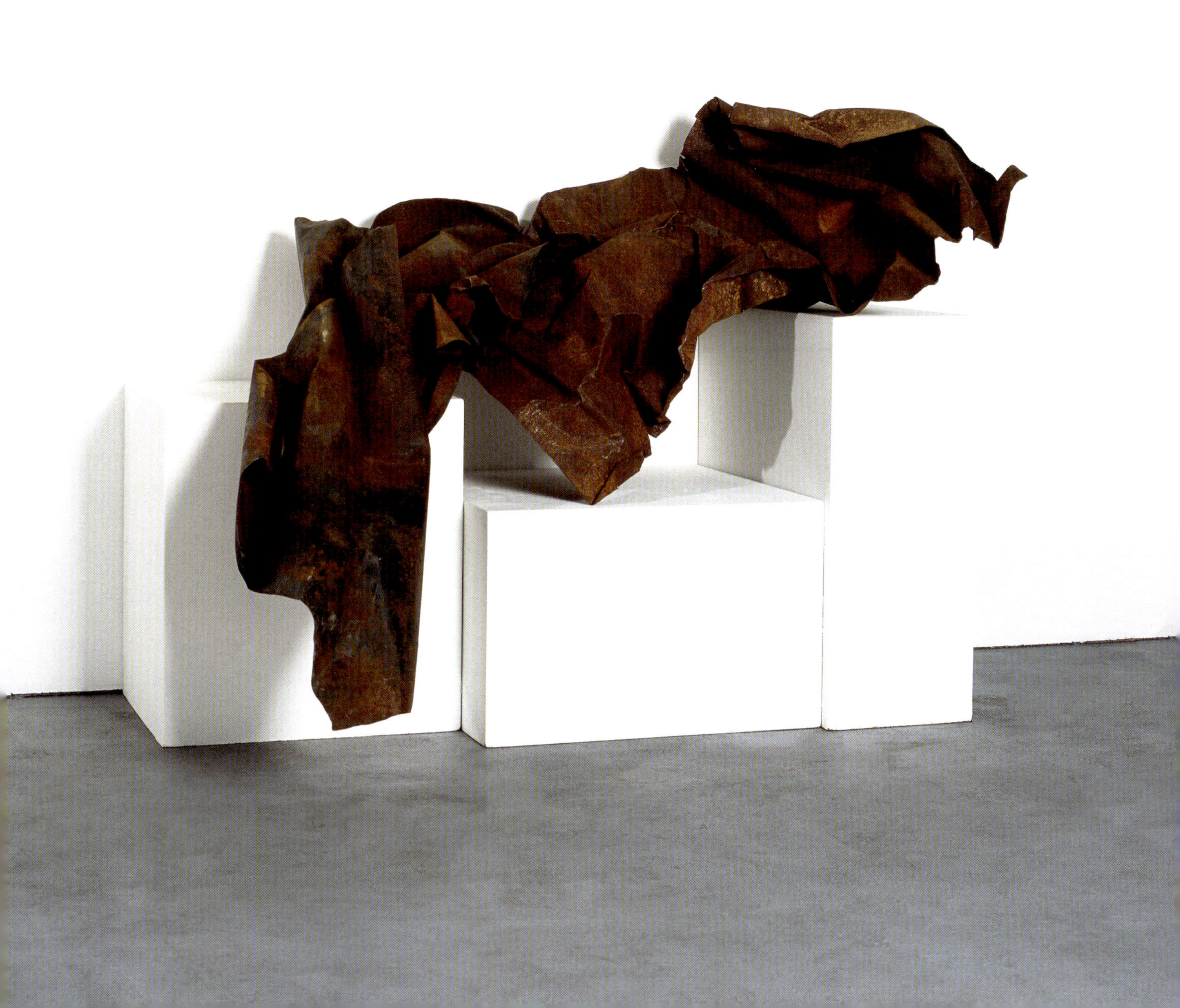

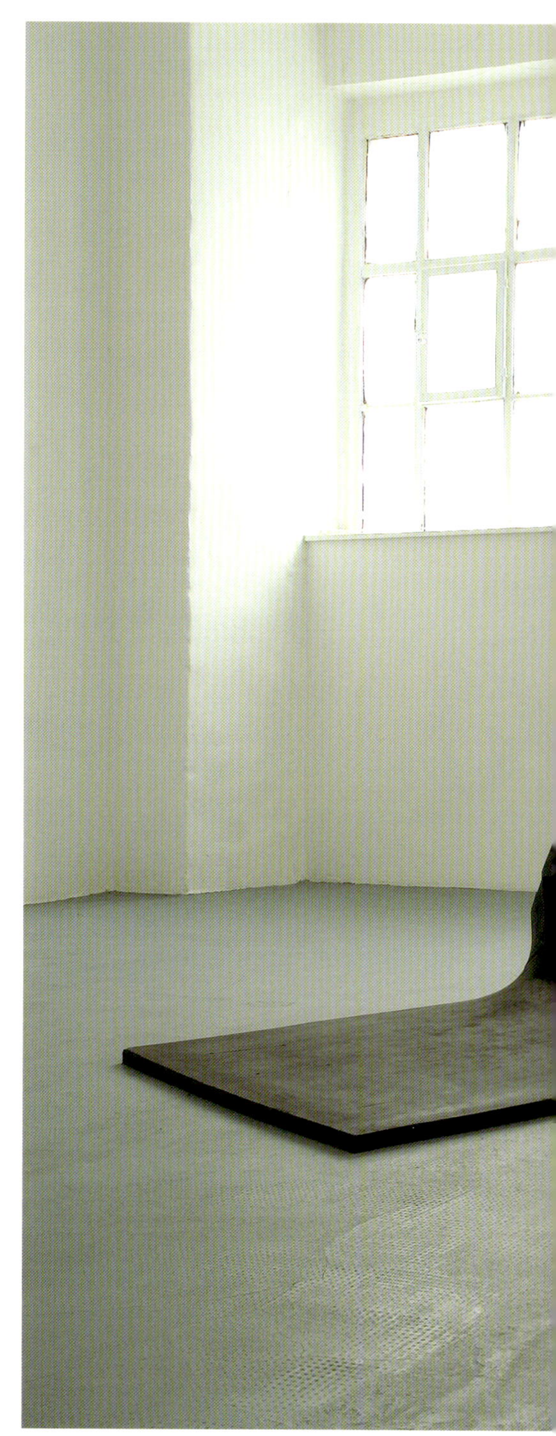

Thinking about You and Me
2005, Gummi
360 x 240 x 100 cm

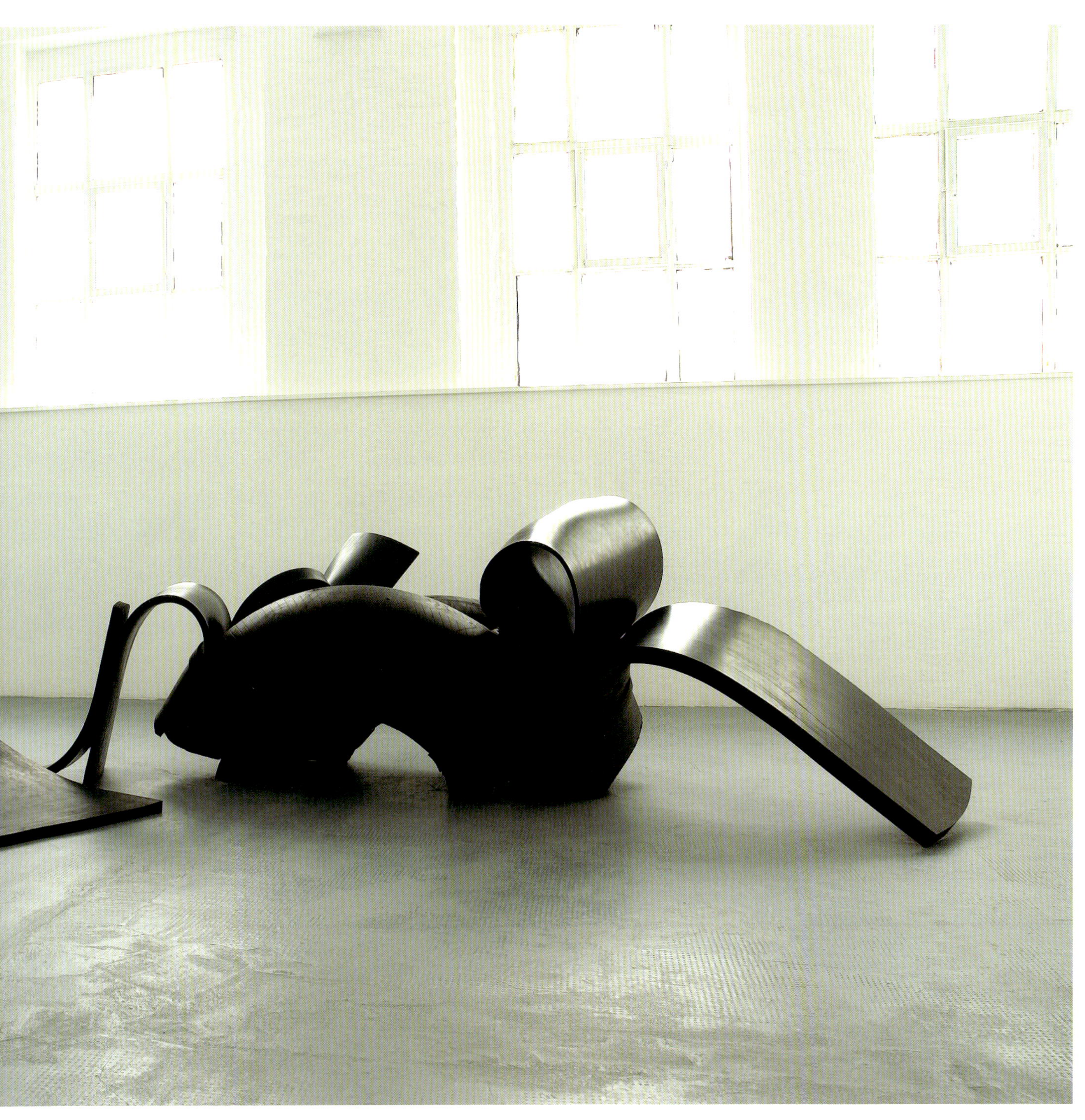

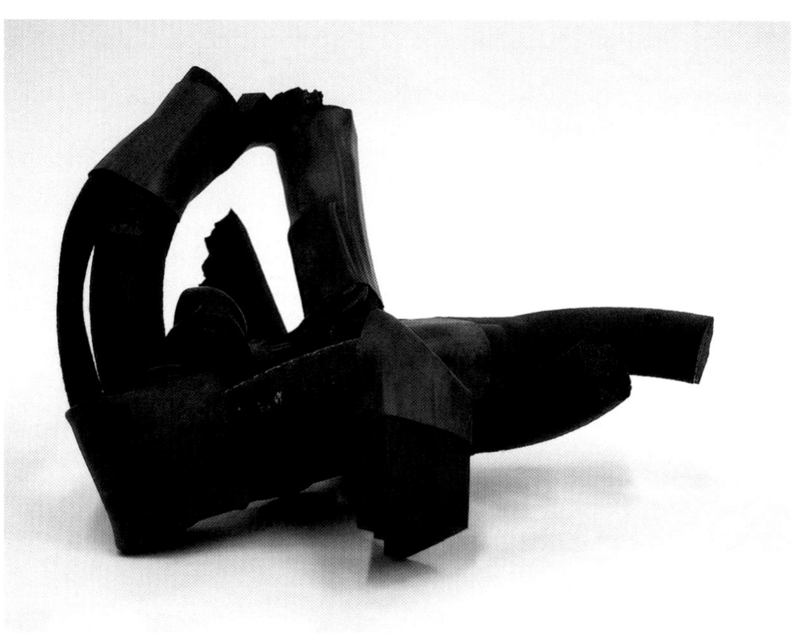

o.T.
2003, Gummi
26 x 19 x 20 cm

o.T.
2003, Gummi
18 x 20 x 15 cm

o.T.
2003, Gummi
18 x 21 x 17 cm

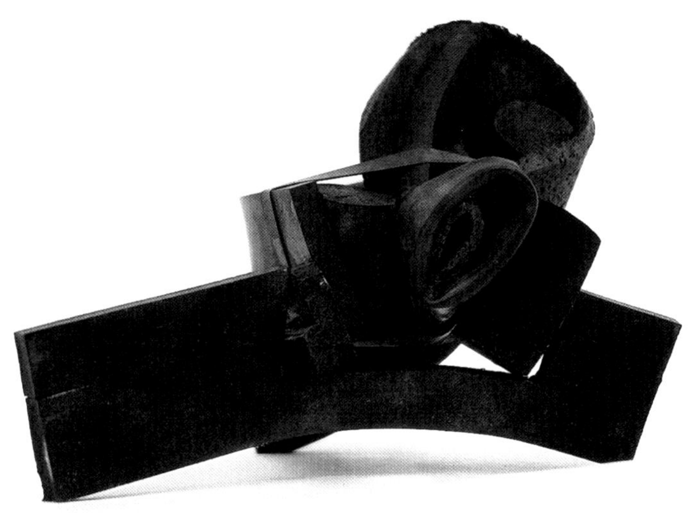

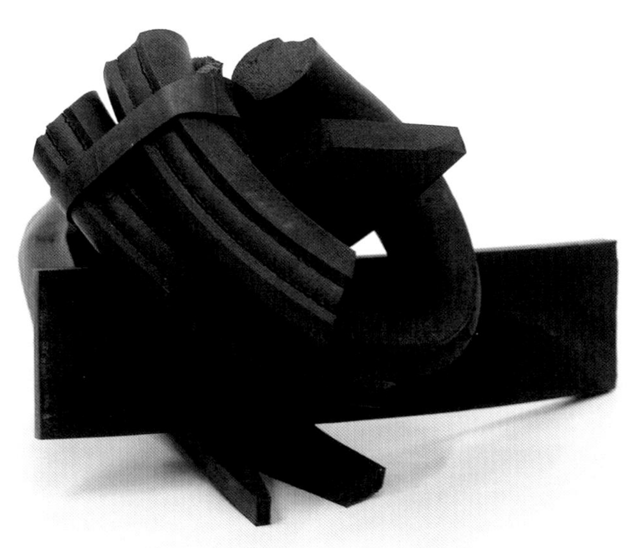

o.T.
2003, Gummi
55 x 40 x 30 cm

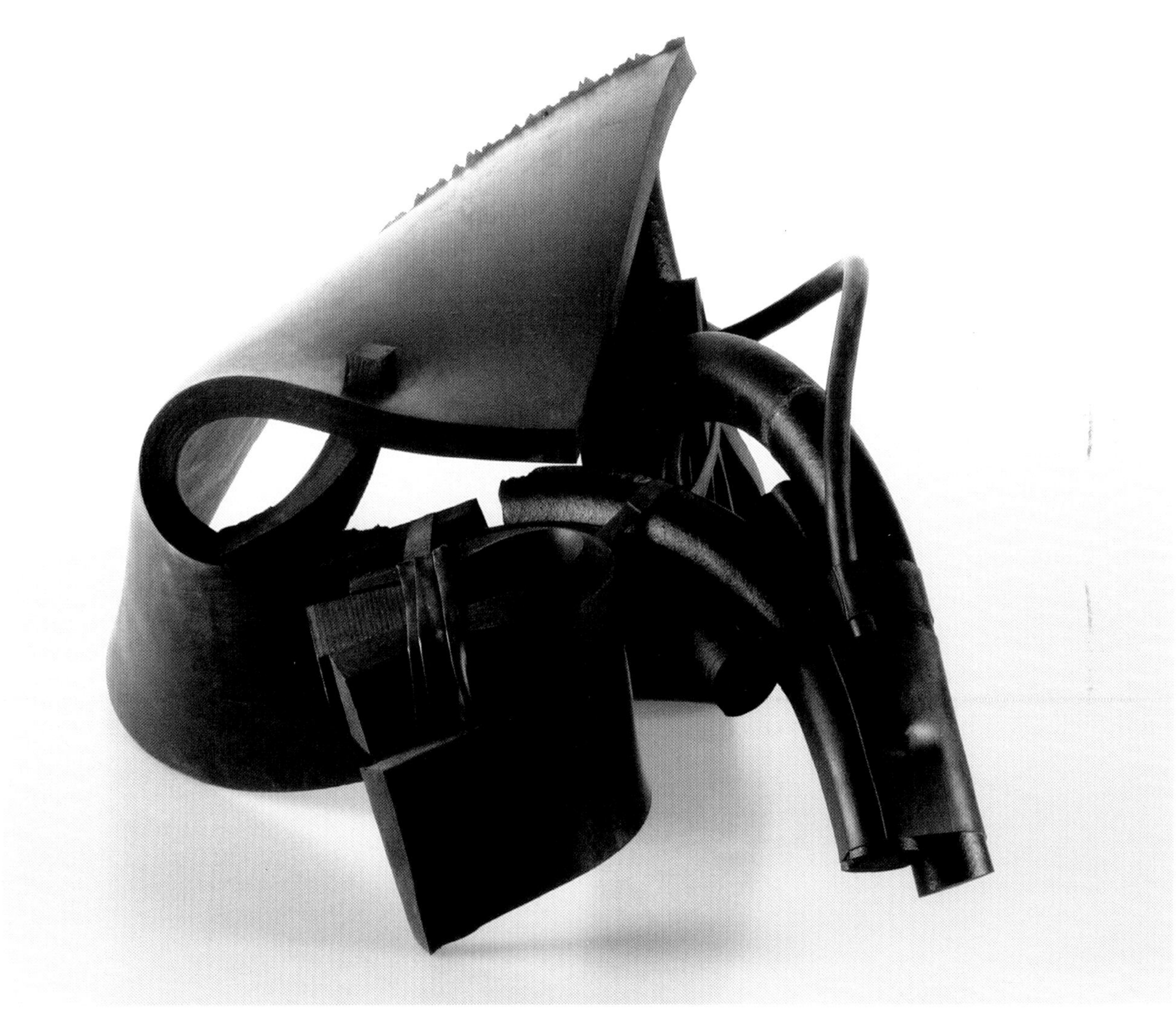

For a Bigger Buddha

2005, Holz, Pappe, Stahl,
Schaumstoffe, Spanngurte
180 x 80 x 120 cm

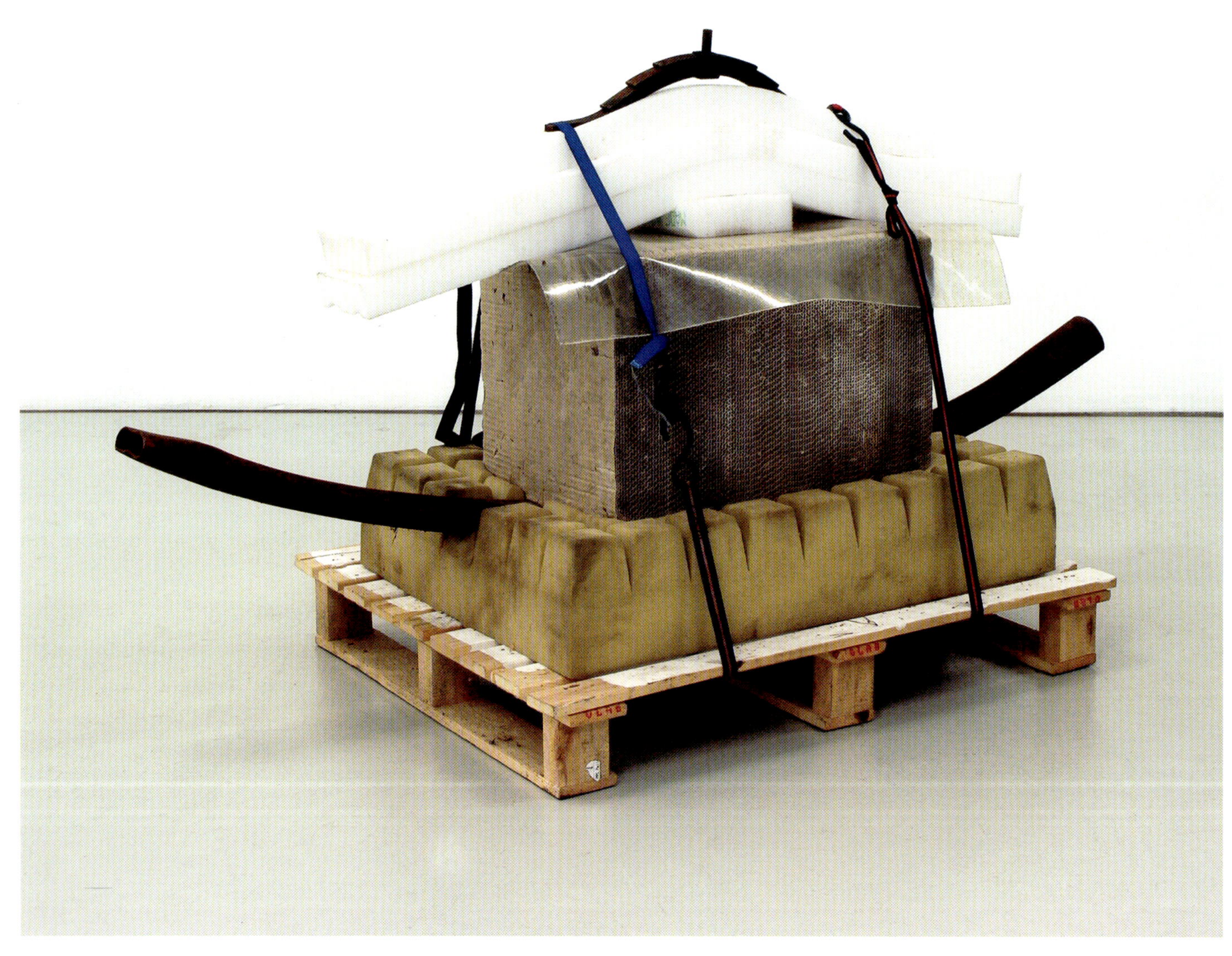

When shall We Three Meet Again

2005, Pappe, MDF, Gummi, Kettenzug

160 x 170 x 120 cm

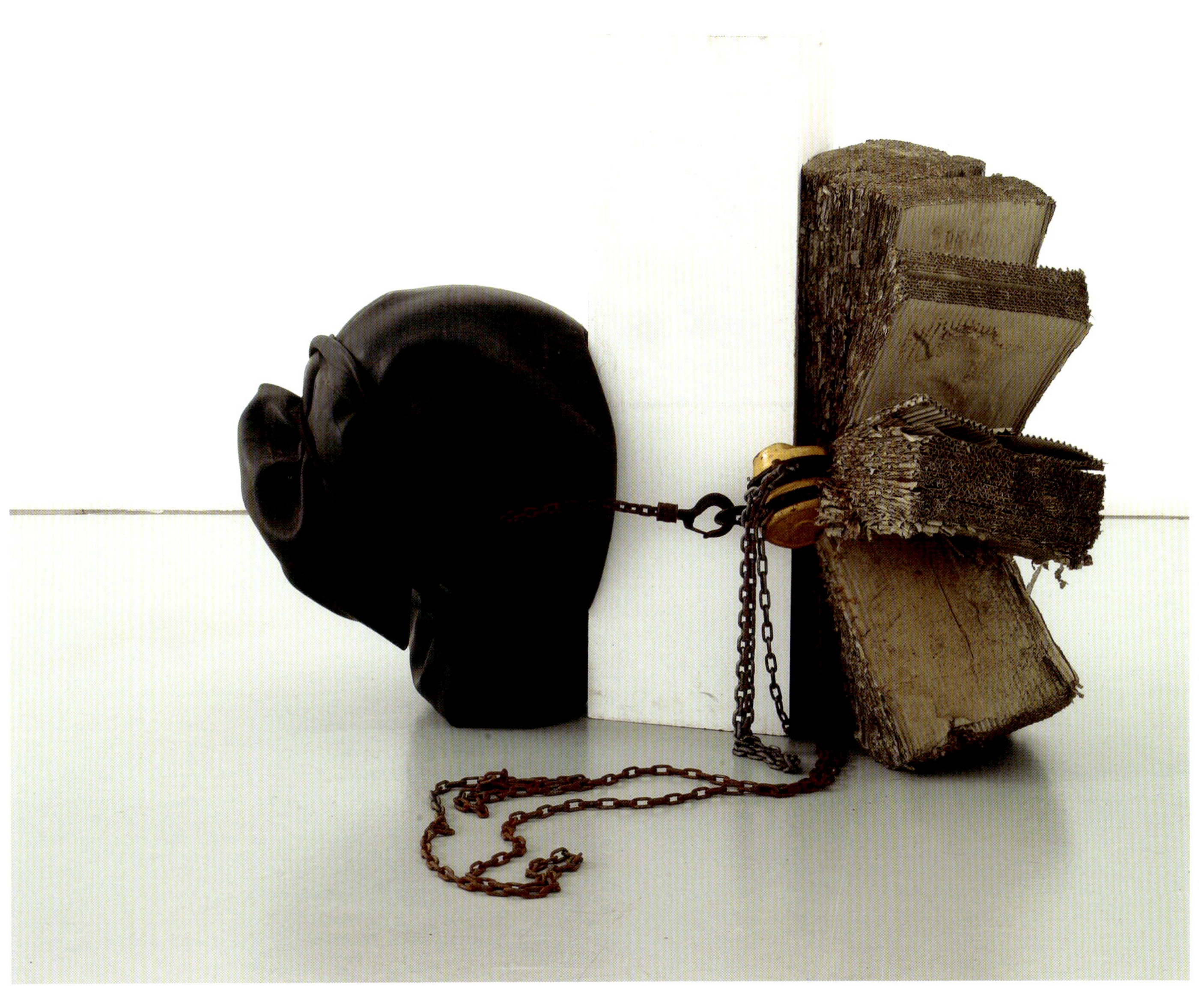

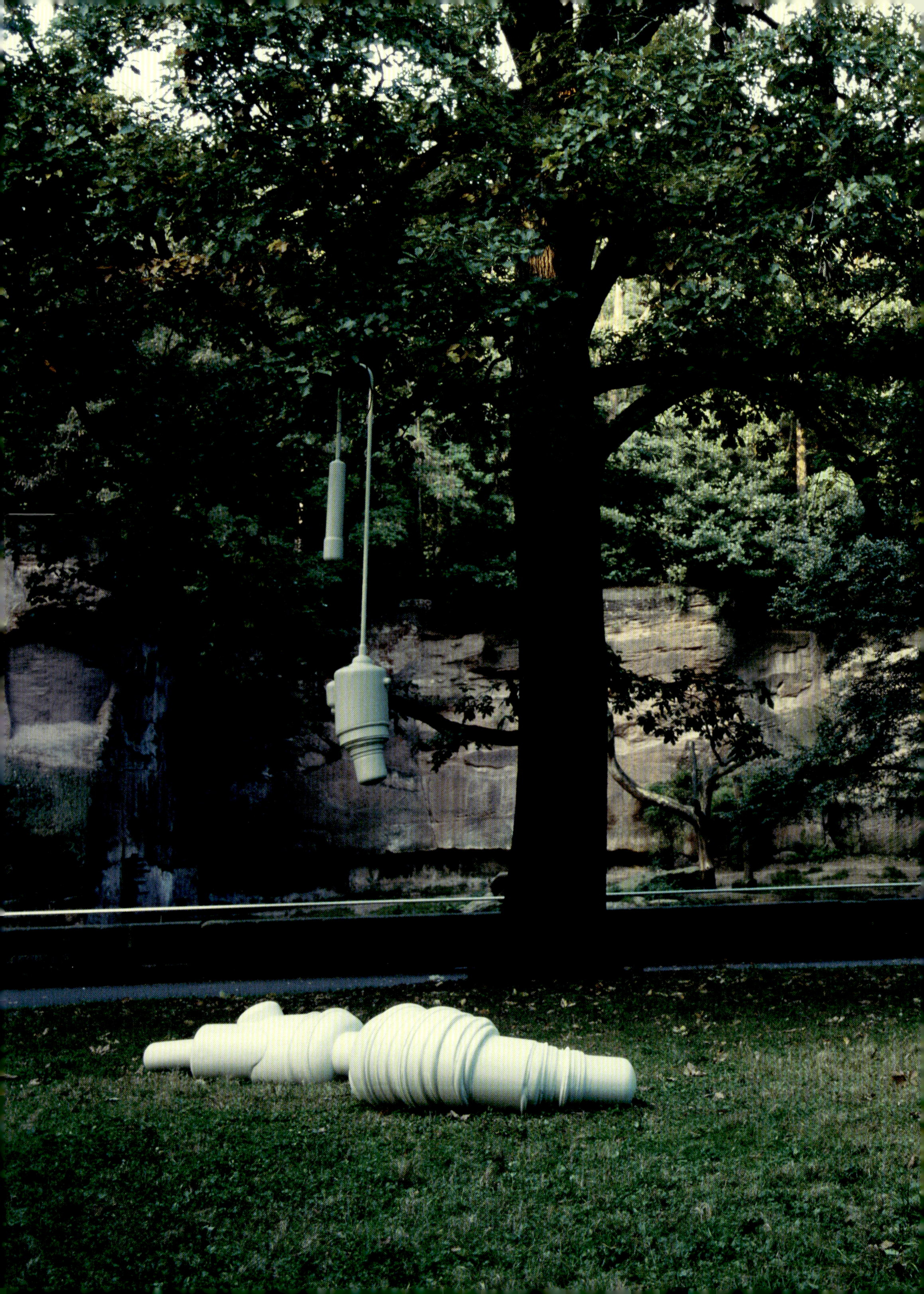

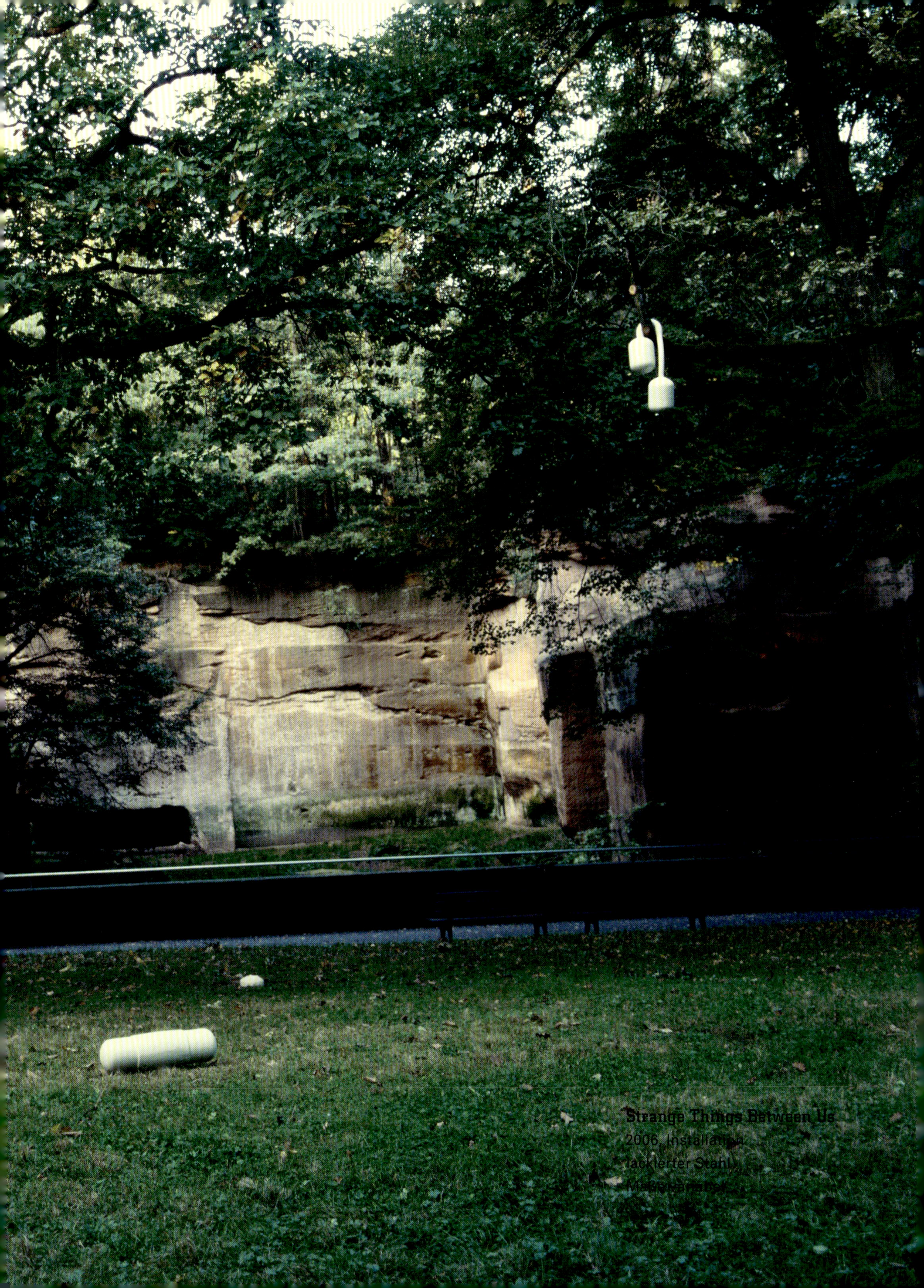

Strange Things Between Us
2006, Installation
lackierter Stahl
Maße variabel

Barefoot
2006, Video
4:11 min
Frames

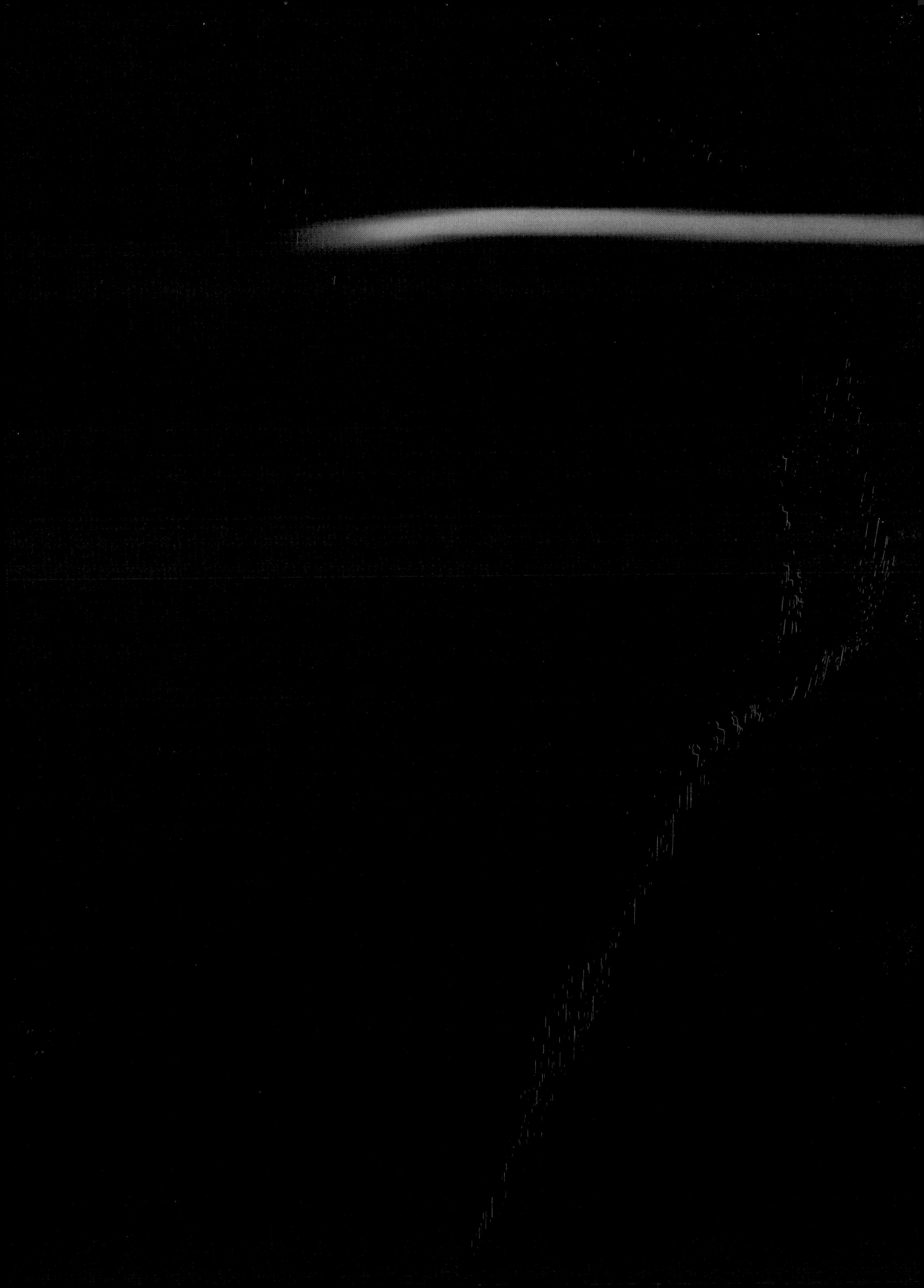

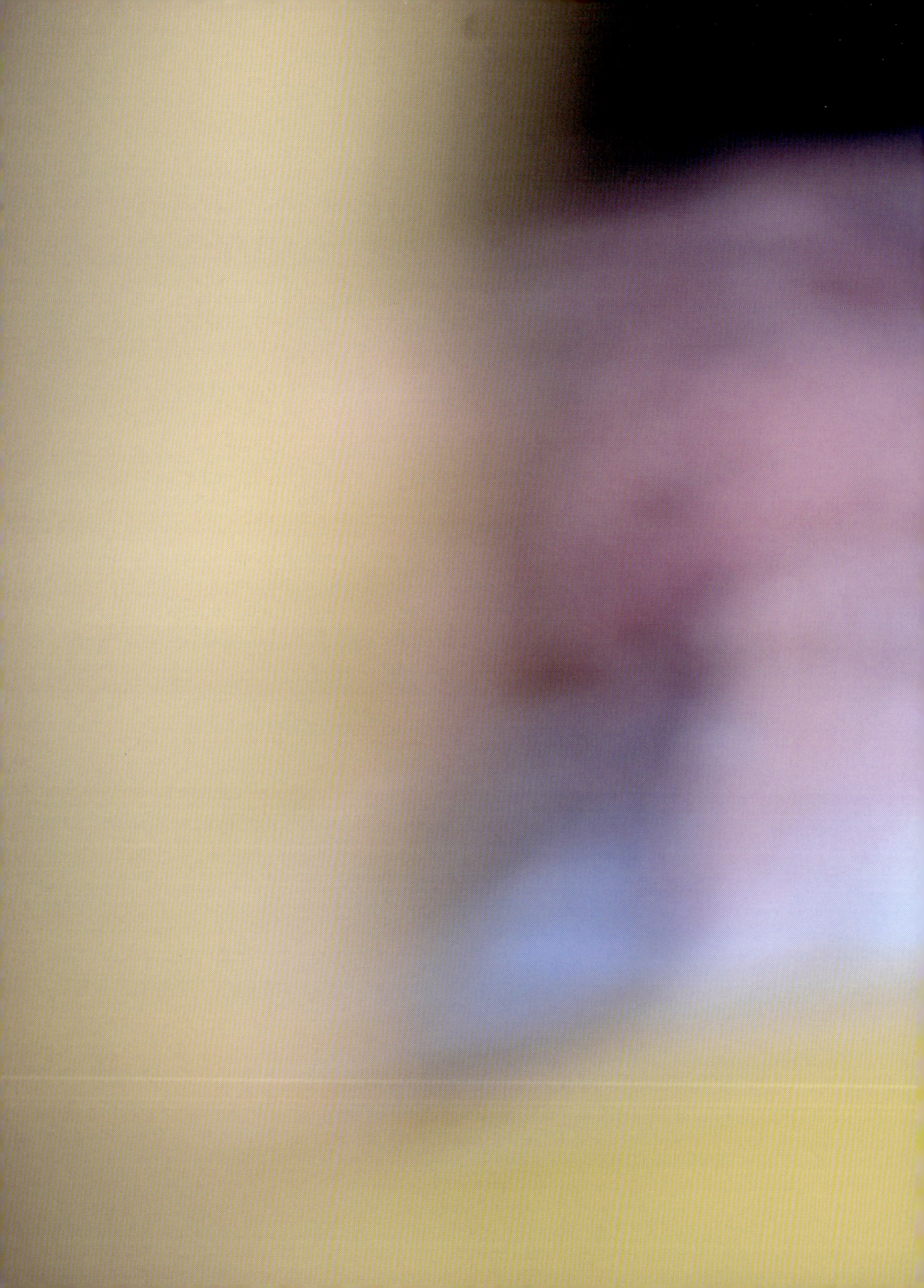

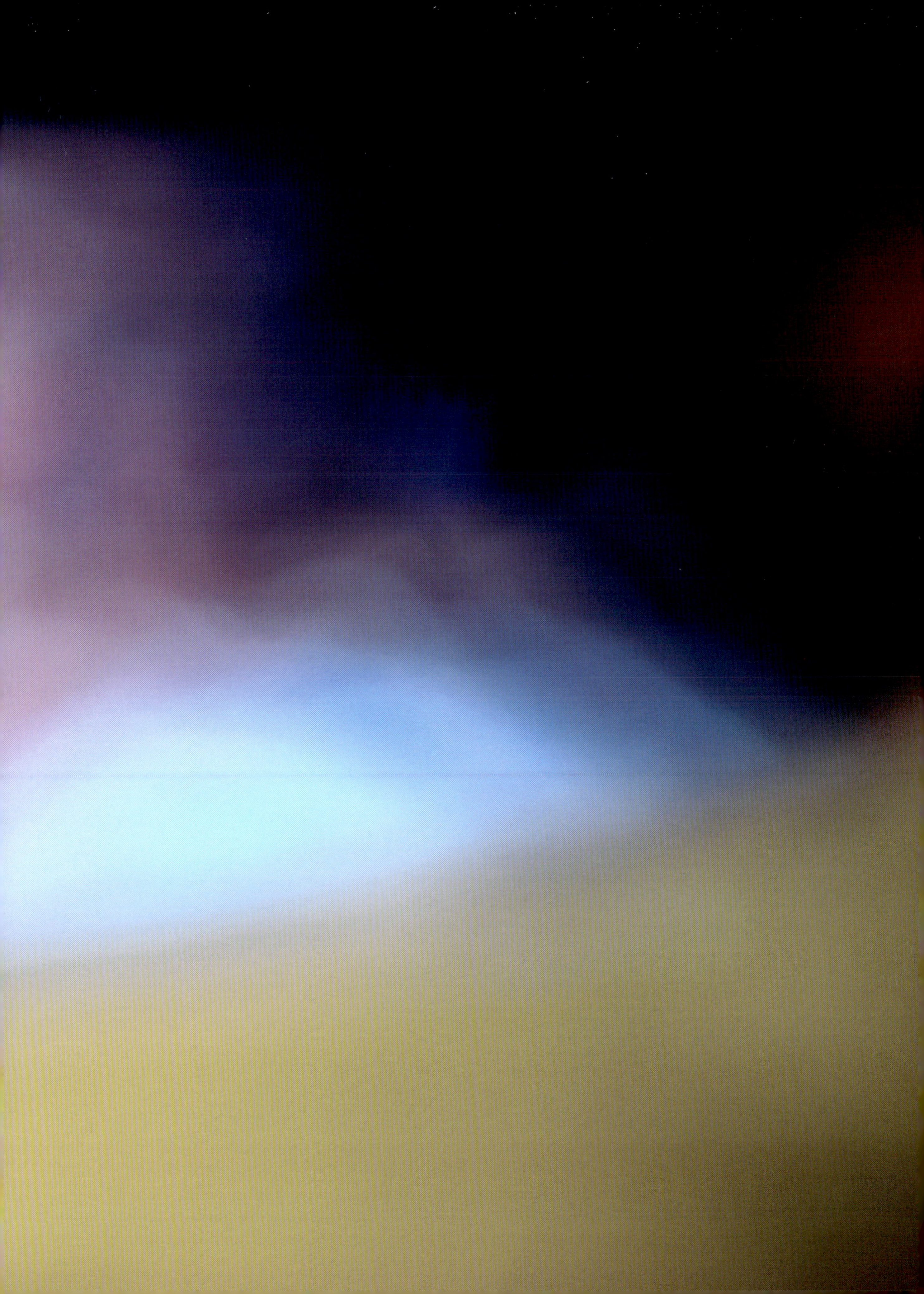

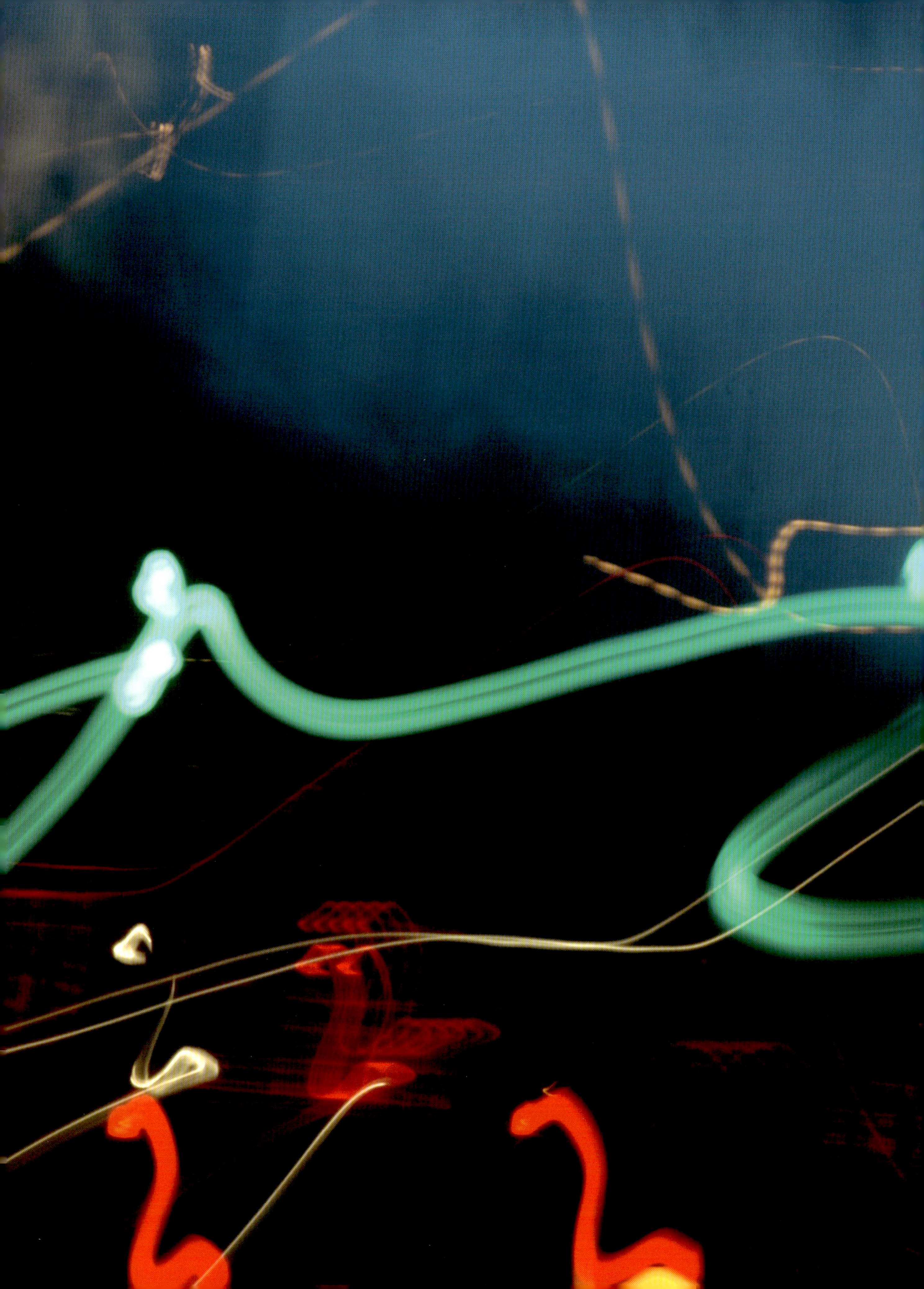

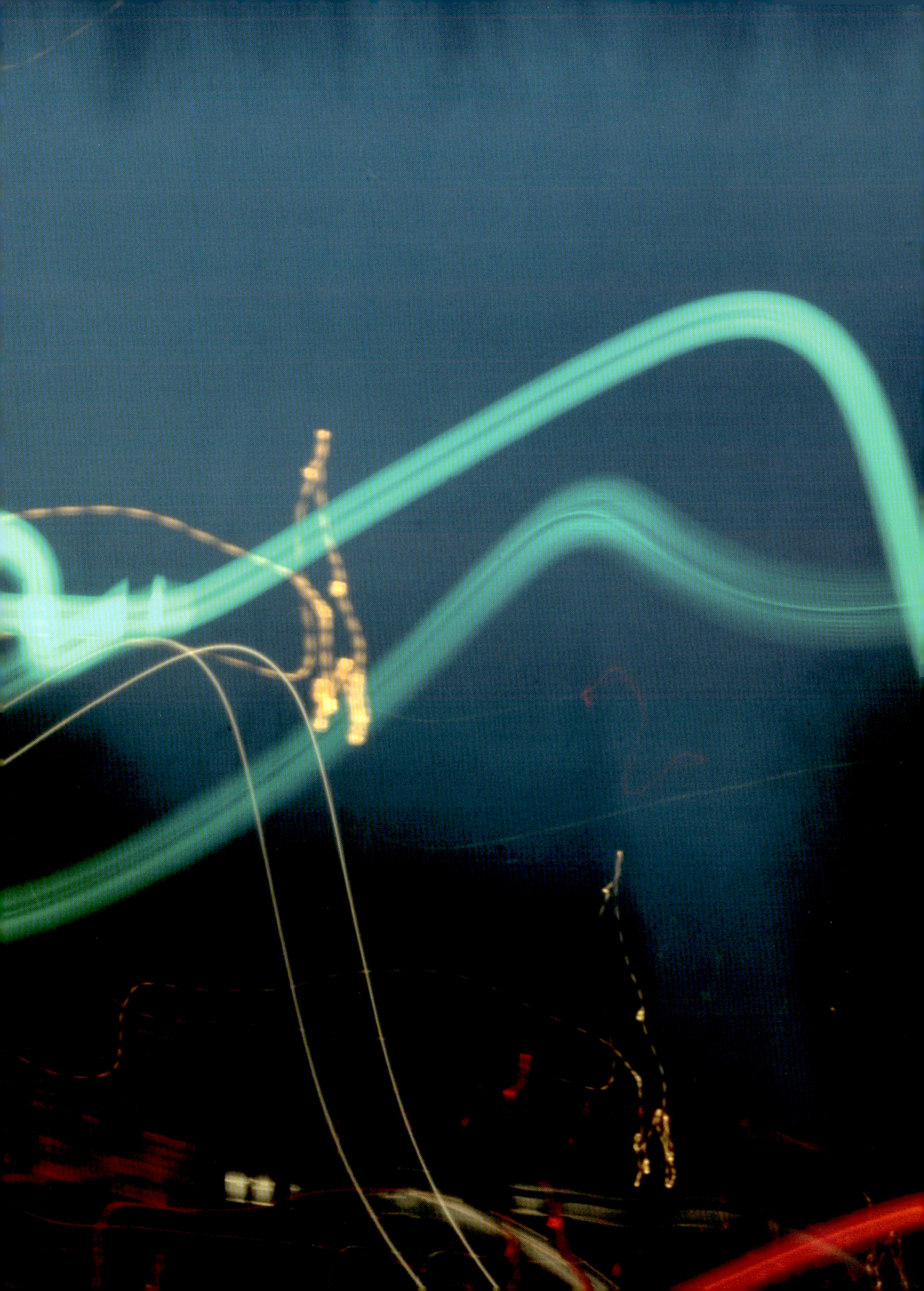

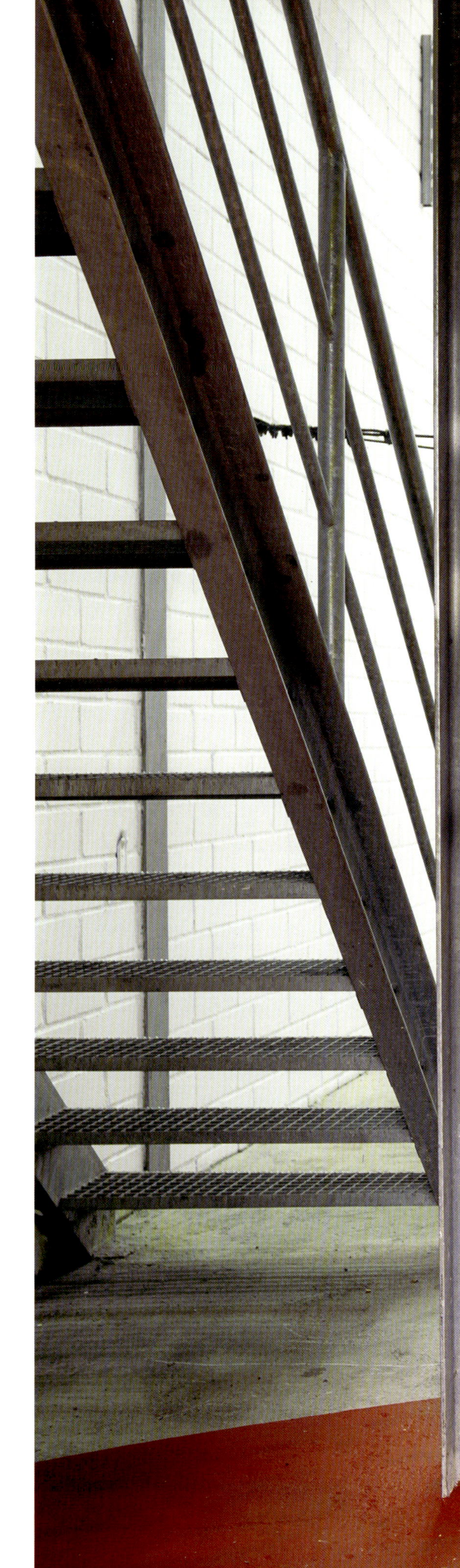

A Tension Room for Bacon

2006, Installation

Gummi, Stahl, Stahlseil, Holz, Pigment

Maße variabel

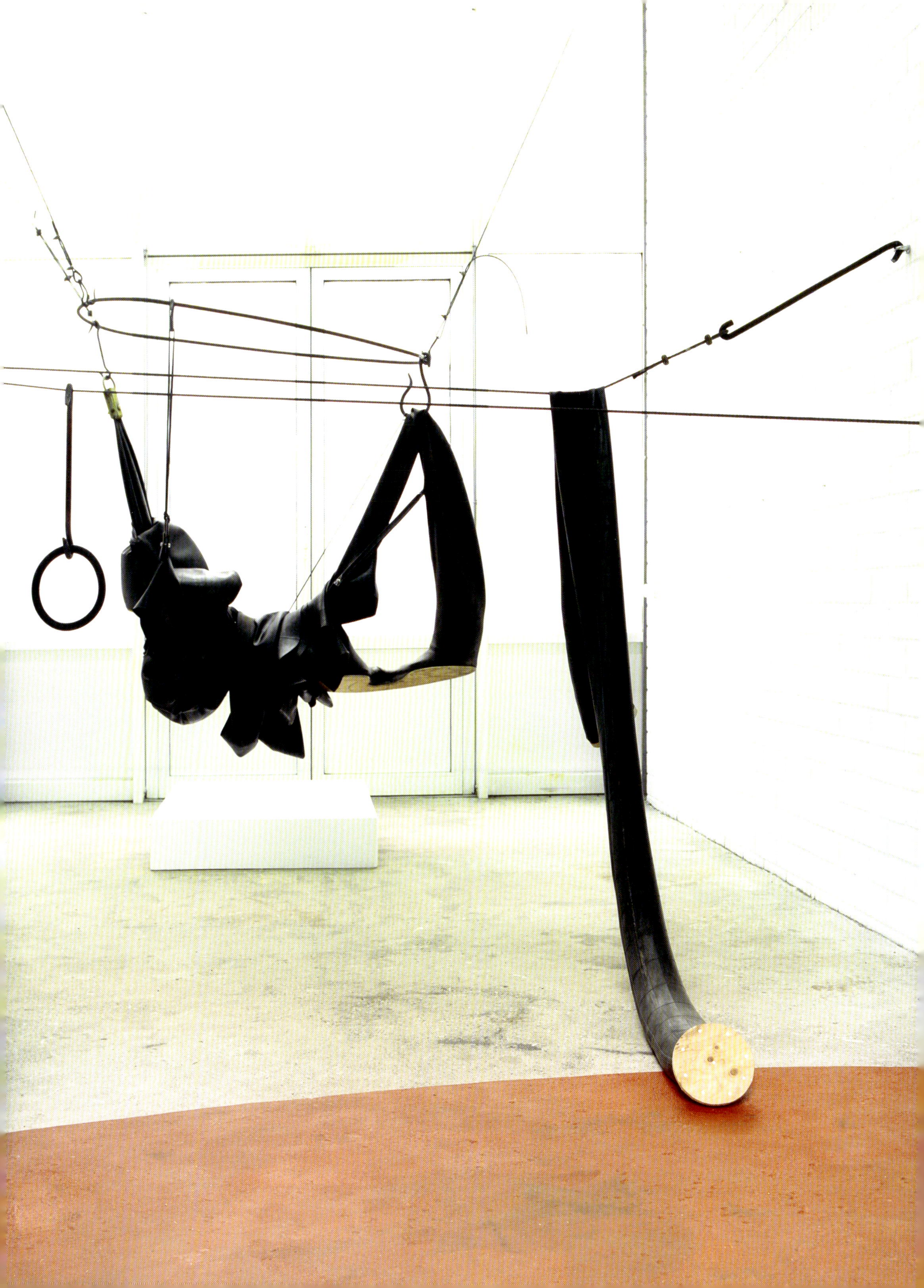

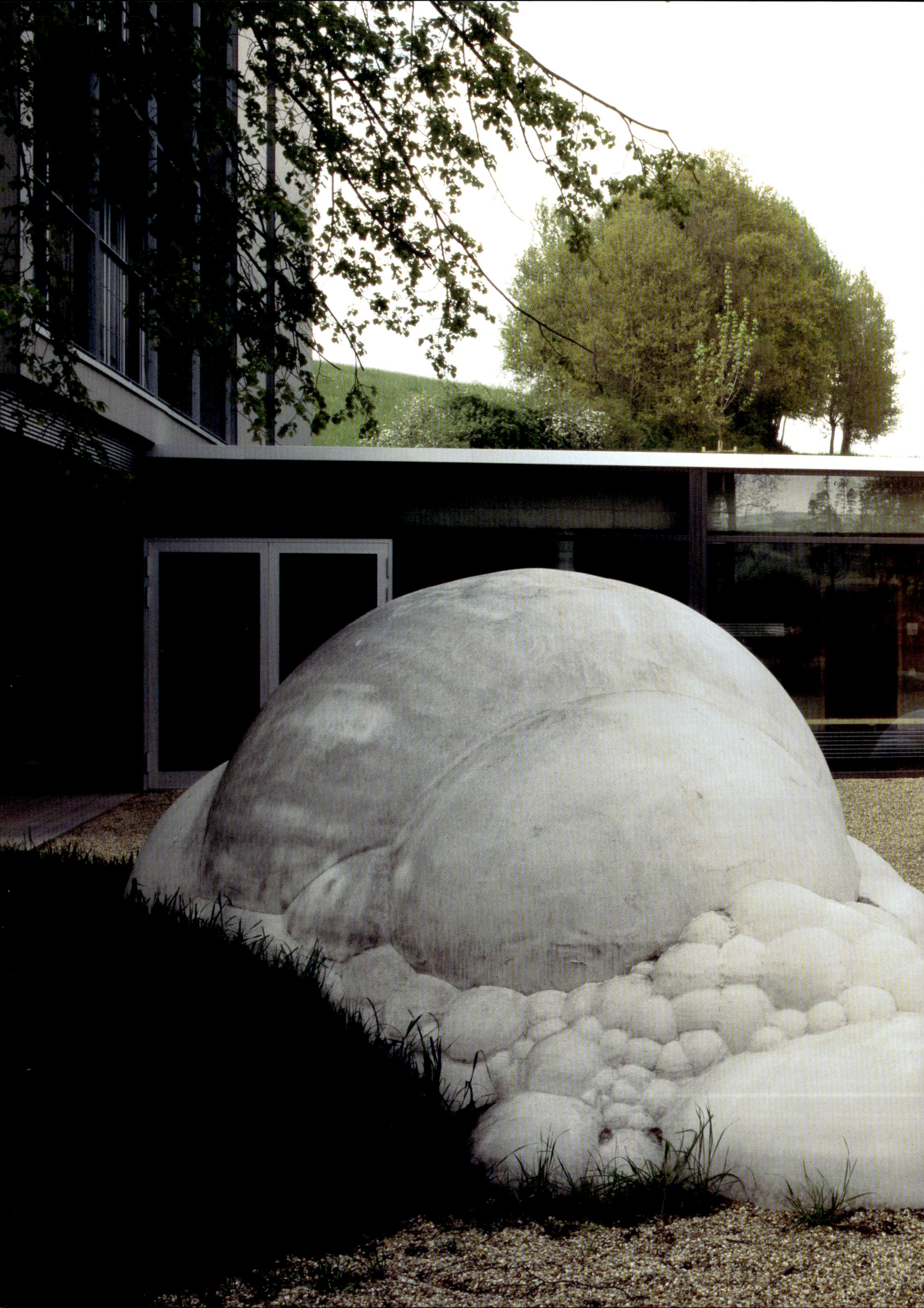

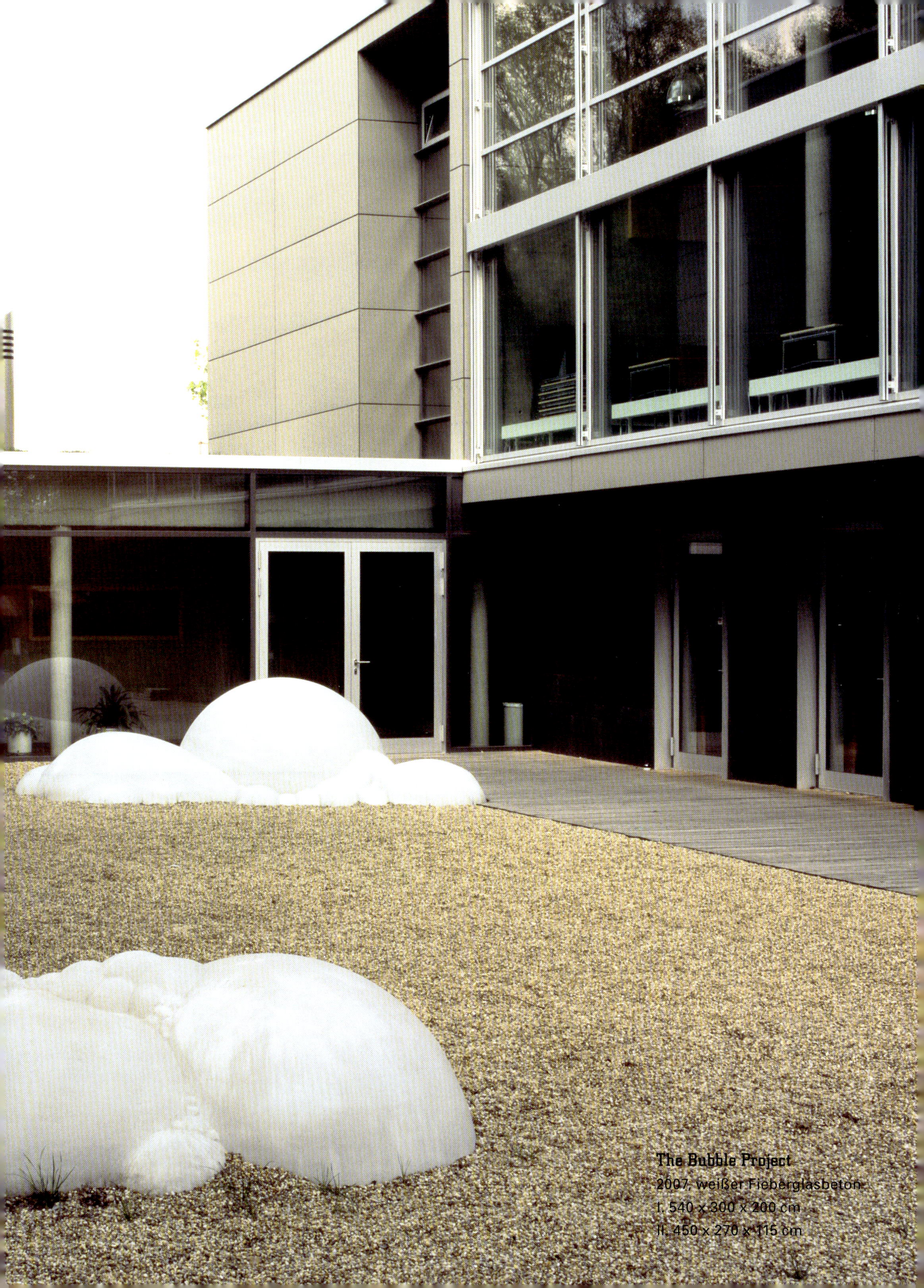

The Bubble Project
2007, weißer Fieberglasbeton
I. 540 x 300 x 200 cm
II. 450 x 270 x 115 cm

Linear for Baroque (**extended version**)

2006, Edelstahl, geschmiedet und geschweißt,
Keramik, Multiplex, PVC
15 x 20 x 120 cm

Bubble for Baroque (**extended version**)

2006, Bronze, MDF, Modellrasen, PVC, Gummi
25 x 25 x 125 cm

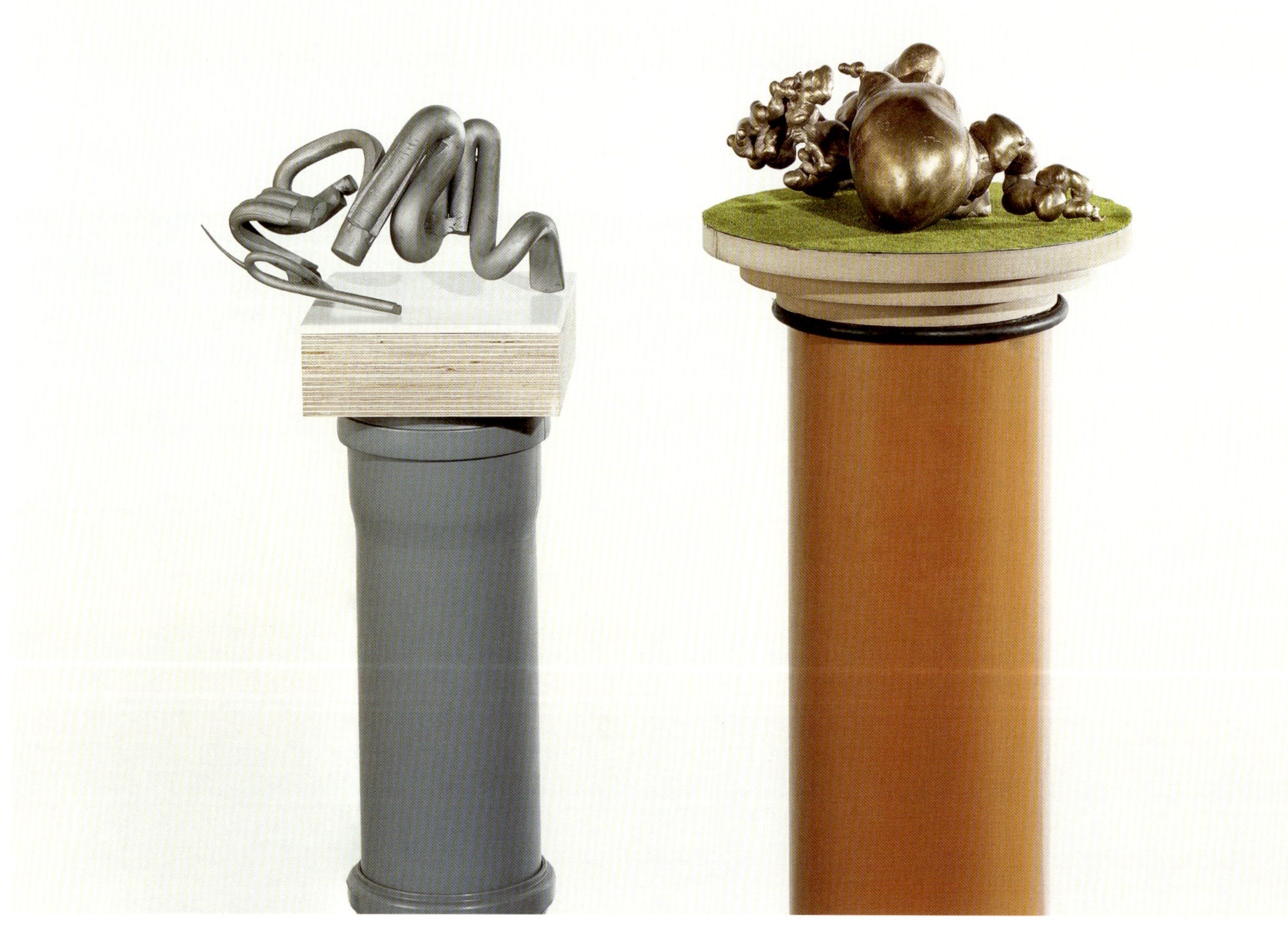

Whole Lotta Love (extended version)
2006, Bronze, Spiegel, Acrylglas, MDF, Schrauben
35 x 35 x 120 cm

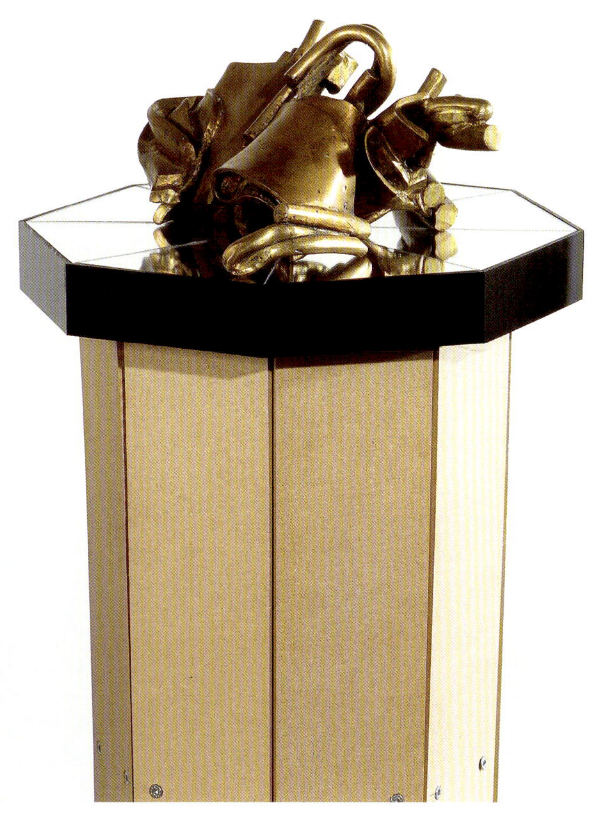

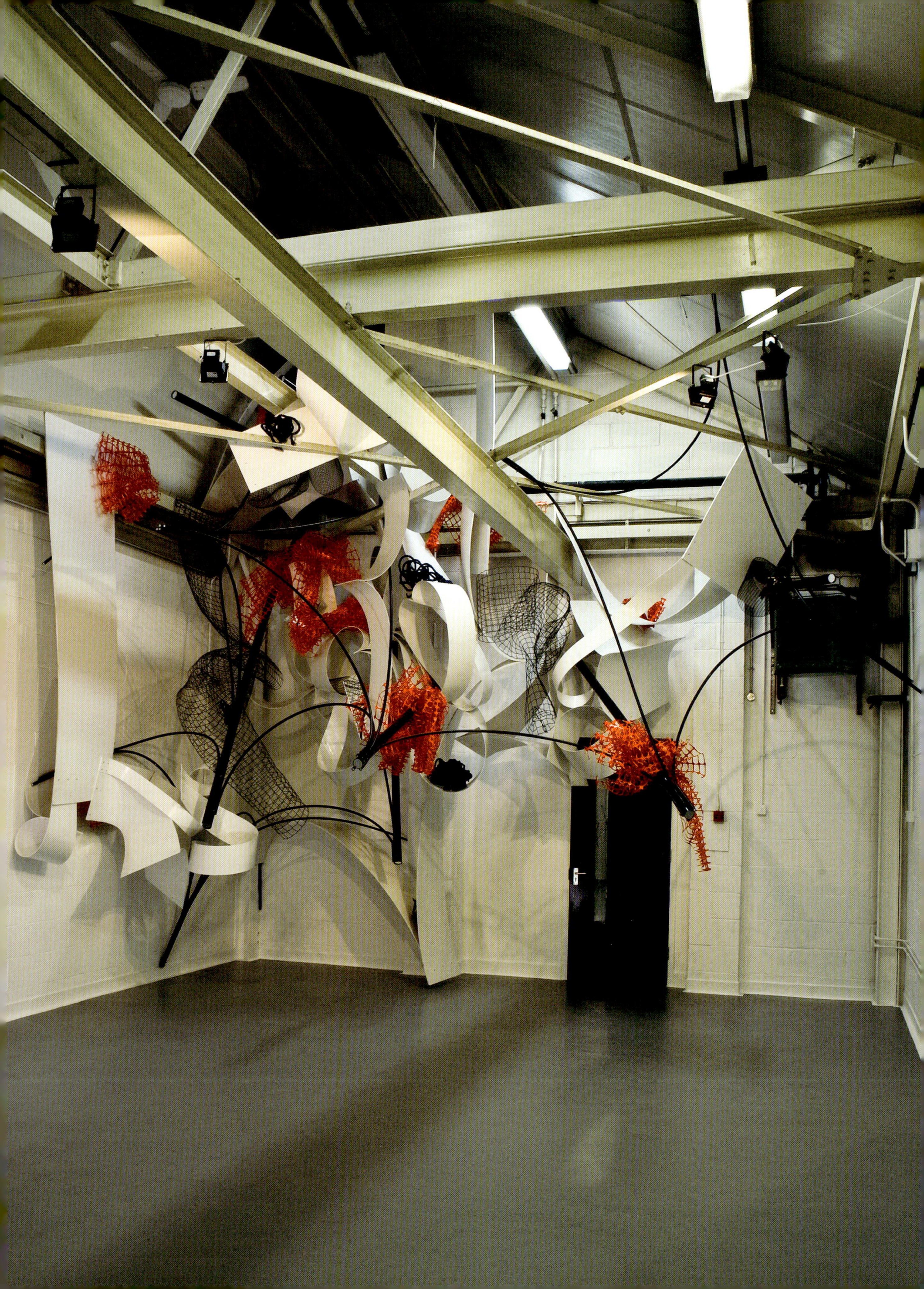

For a New Standardmodel
2007, Installation
PVC, PVC-Rohre, Absperrzaun,
PE-Maschendraht, PP-Seil,
Spiegel, Schrauben
Maße variabel

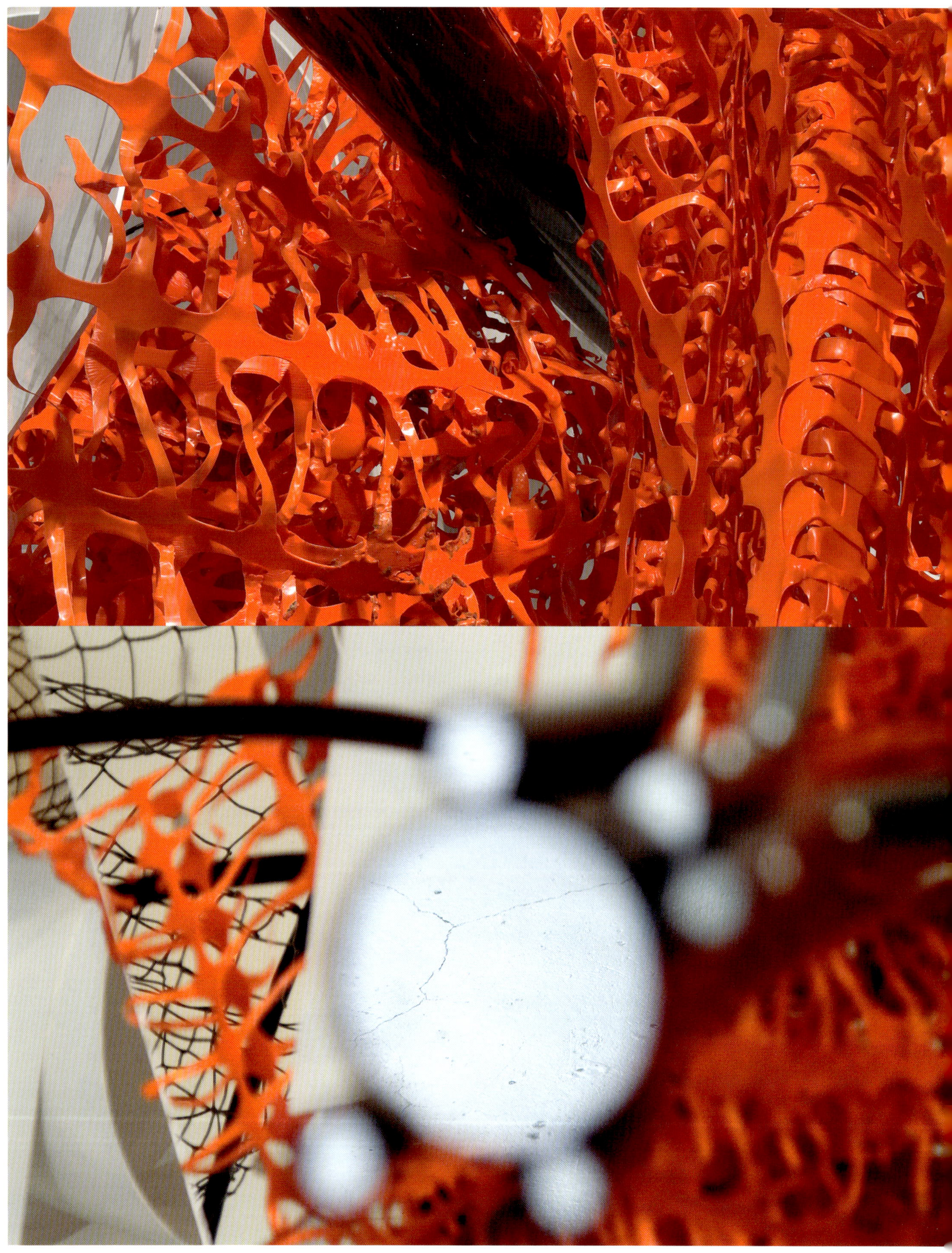

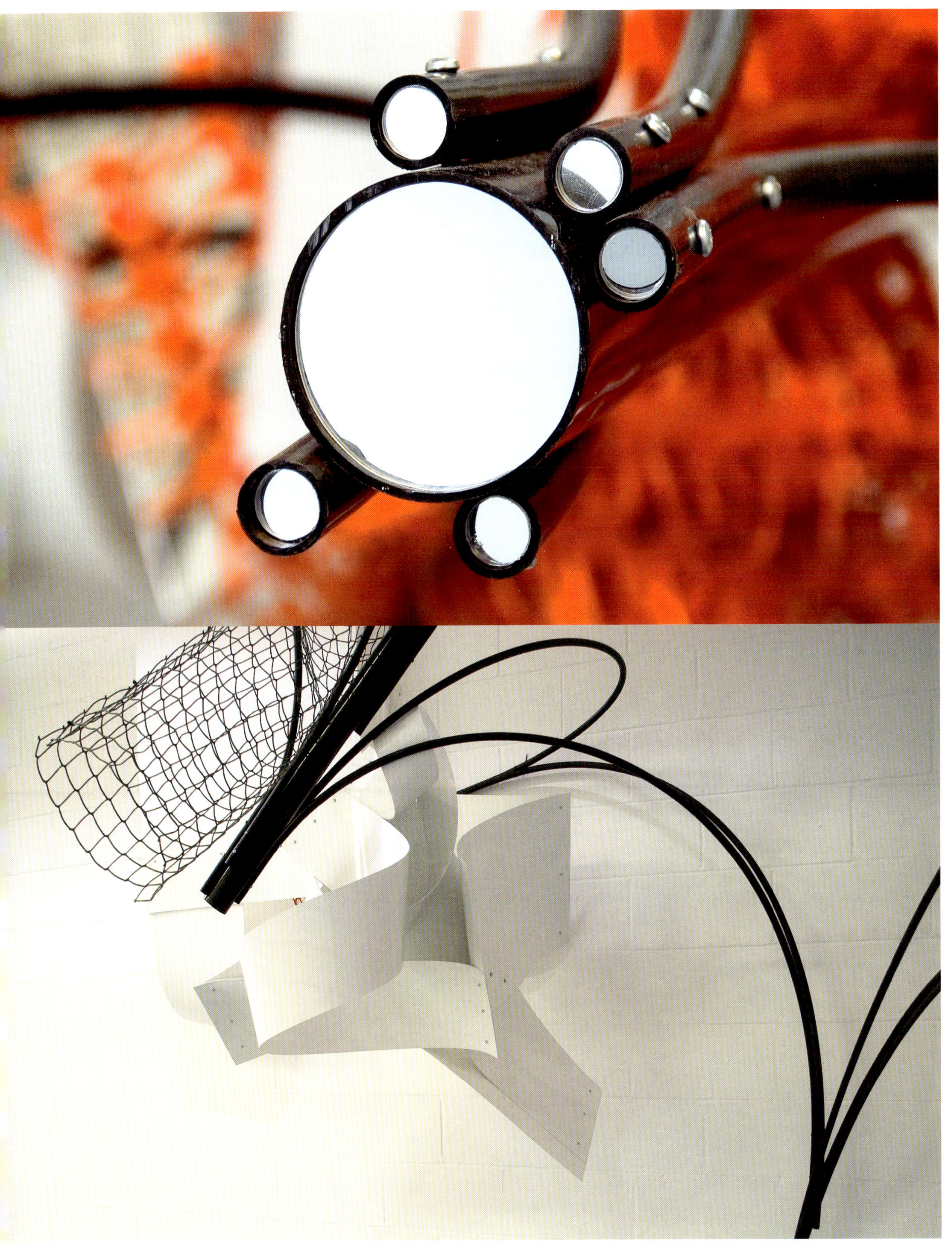

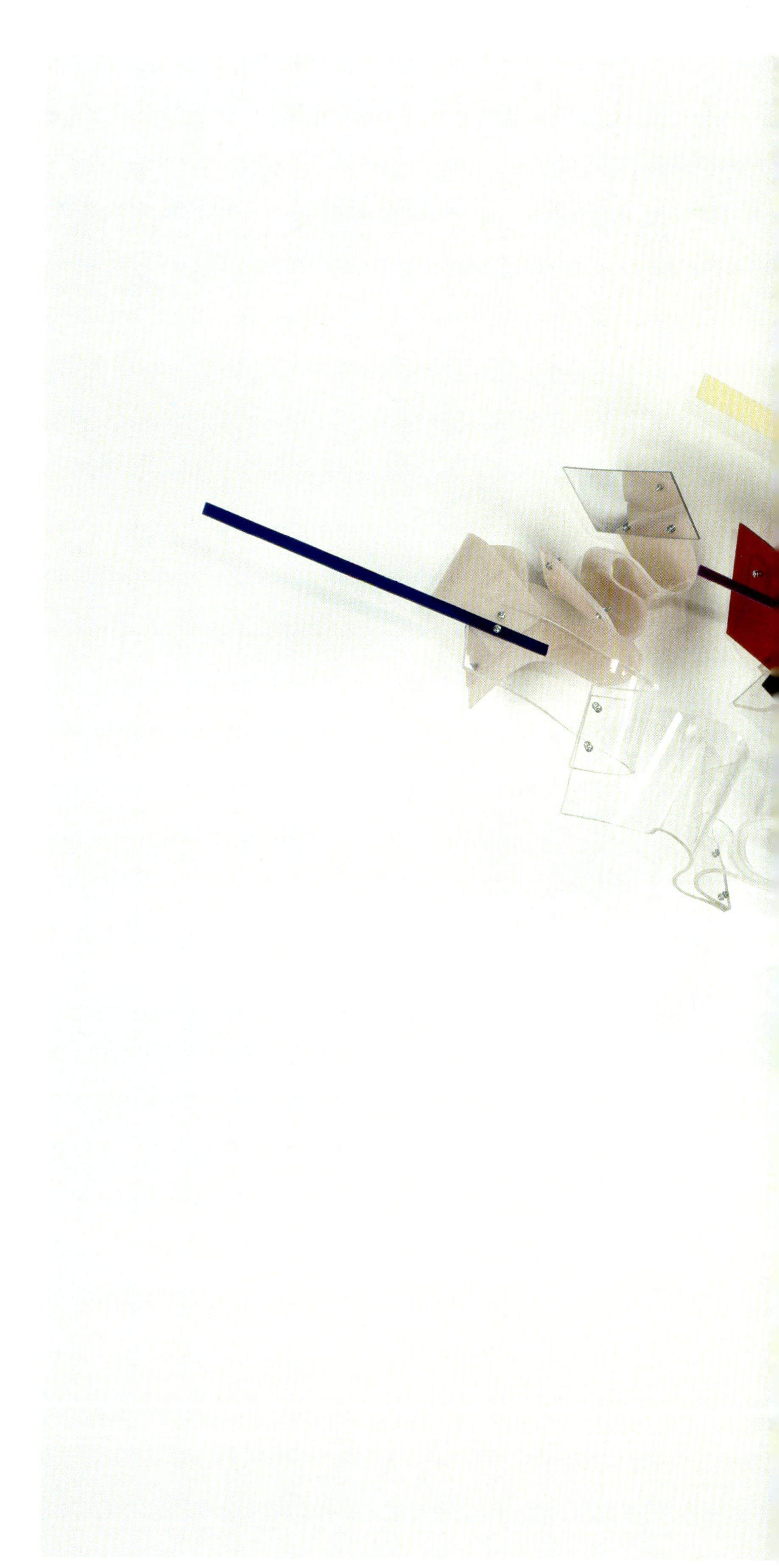

You, Me and Caravaggio
2007, Acrylglas, Plexiglas,
Schrauben, Spiegel
150 x 110 x 80 cm

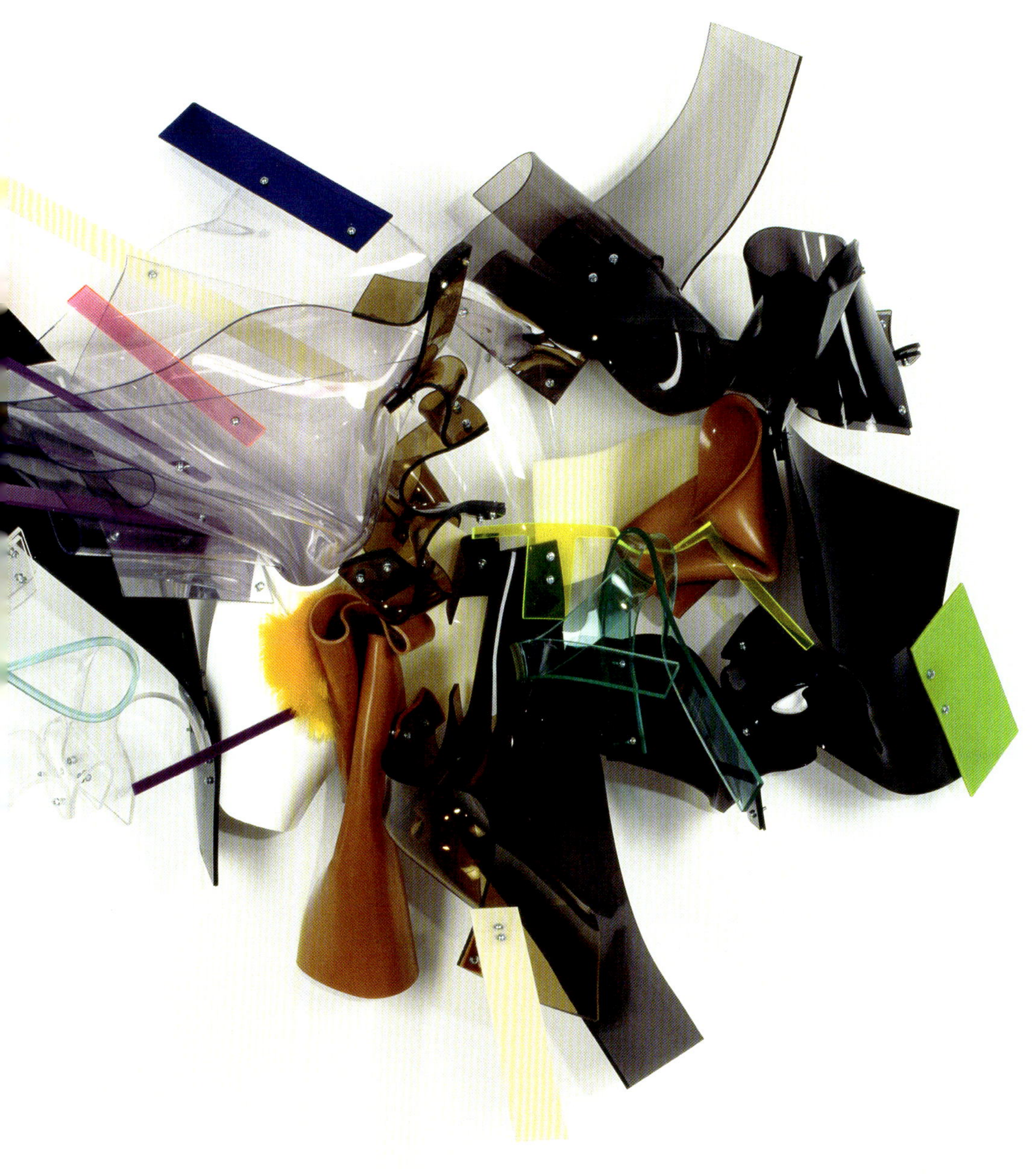

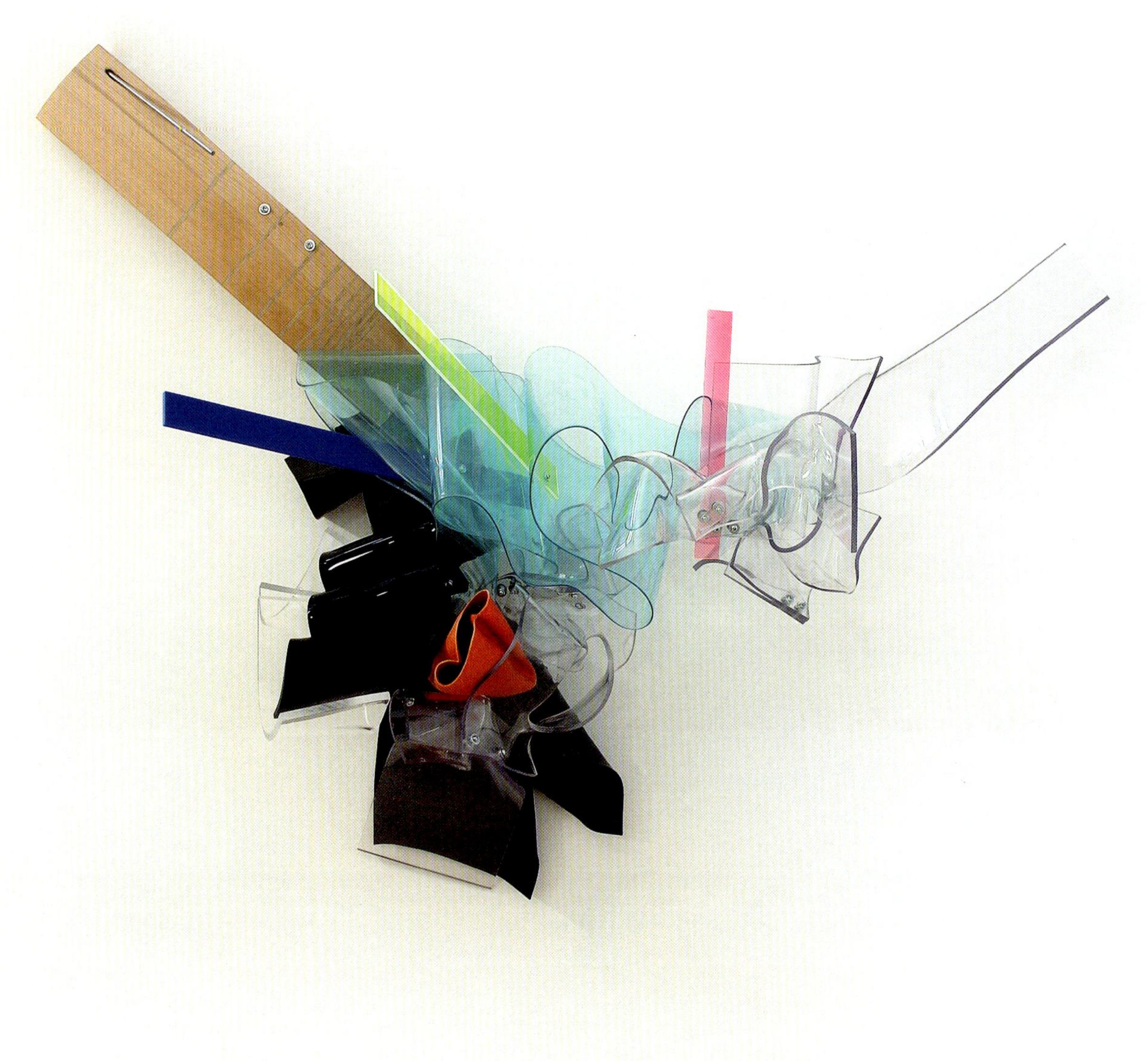

Morning Struggle

2007, Acrylglas, PVC, Holz, Edelstahl, Schrauben, Gummi

120 x 100 x 50 cm

Frisky Moments

2007, Acrylglas, PVC, Schrauben,
Gummi, Stahl
90 x 70 x 40 cm

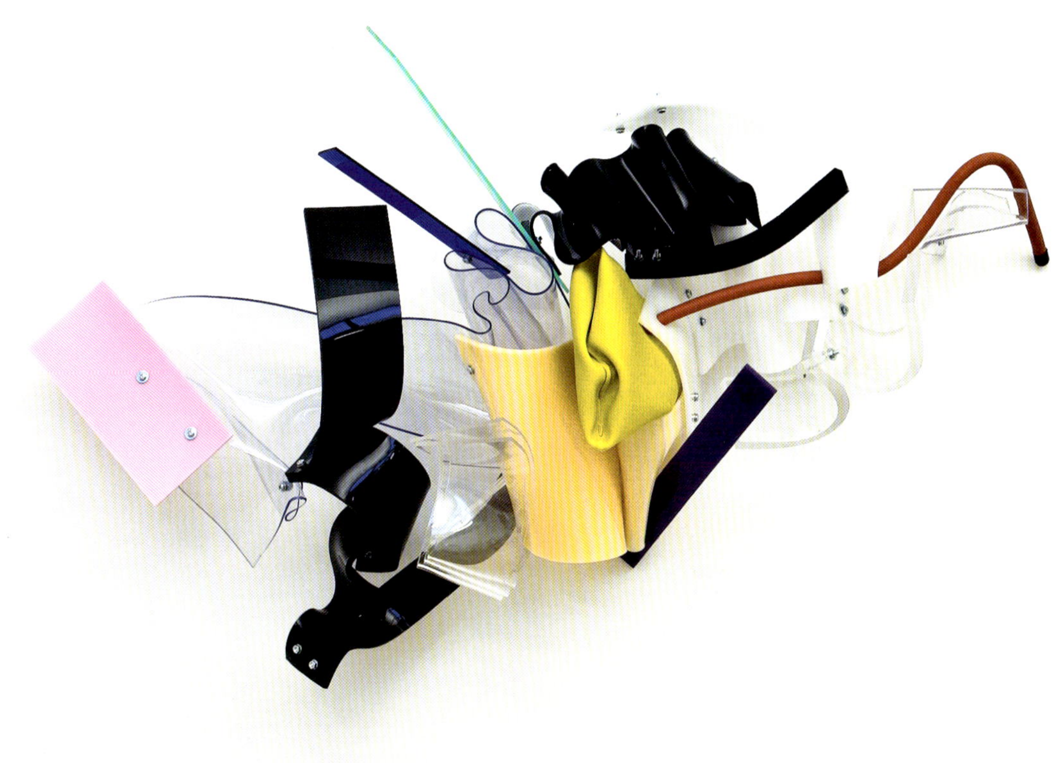

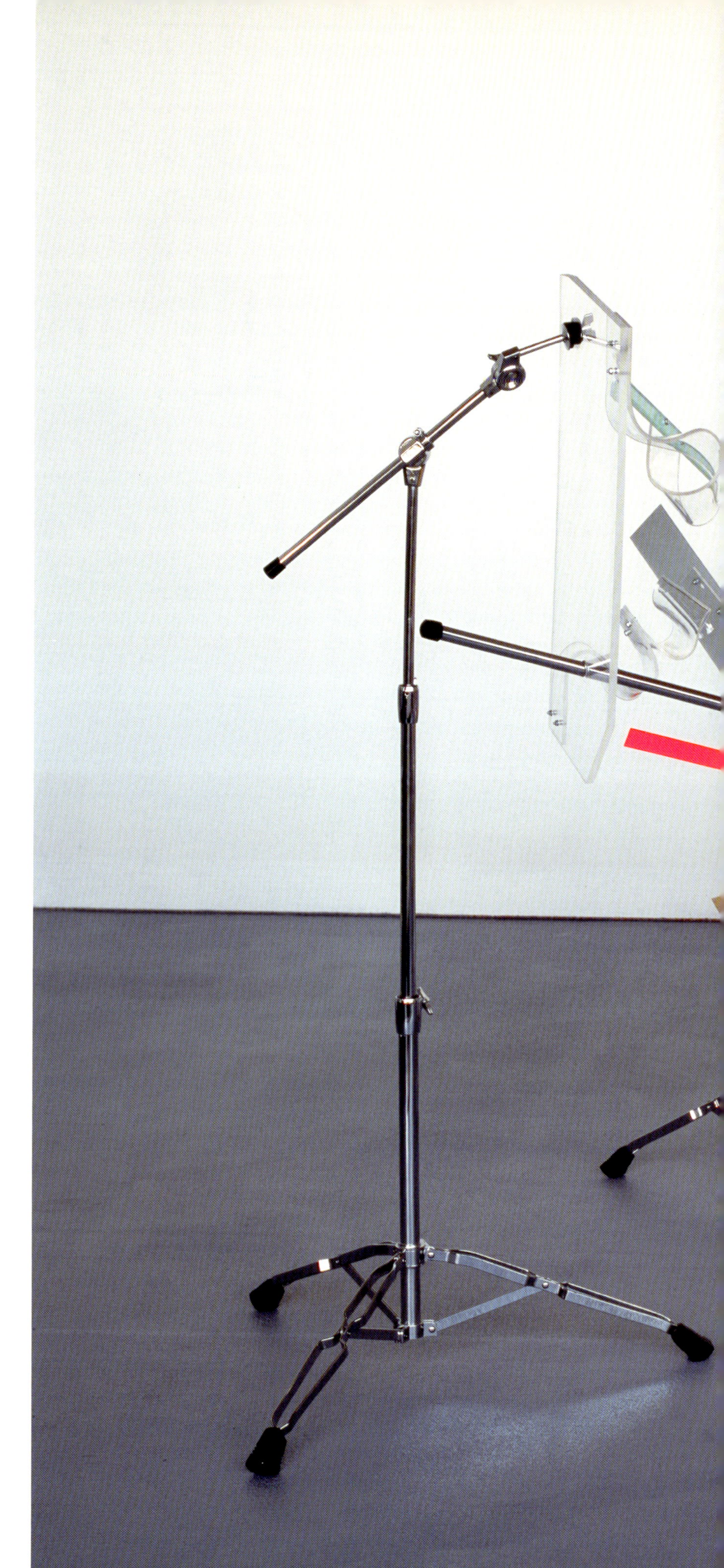

Jamming with Scofield

2007, Schlagzeugständer, Acrylglas, Chromstahl, Schrauben, Gummi
240 x 210 x 170 cm

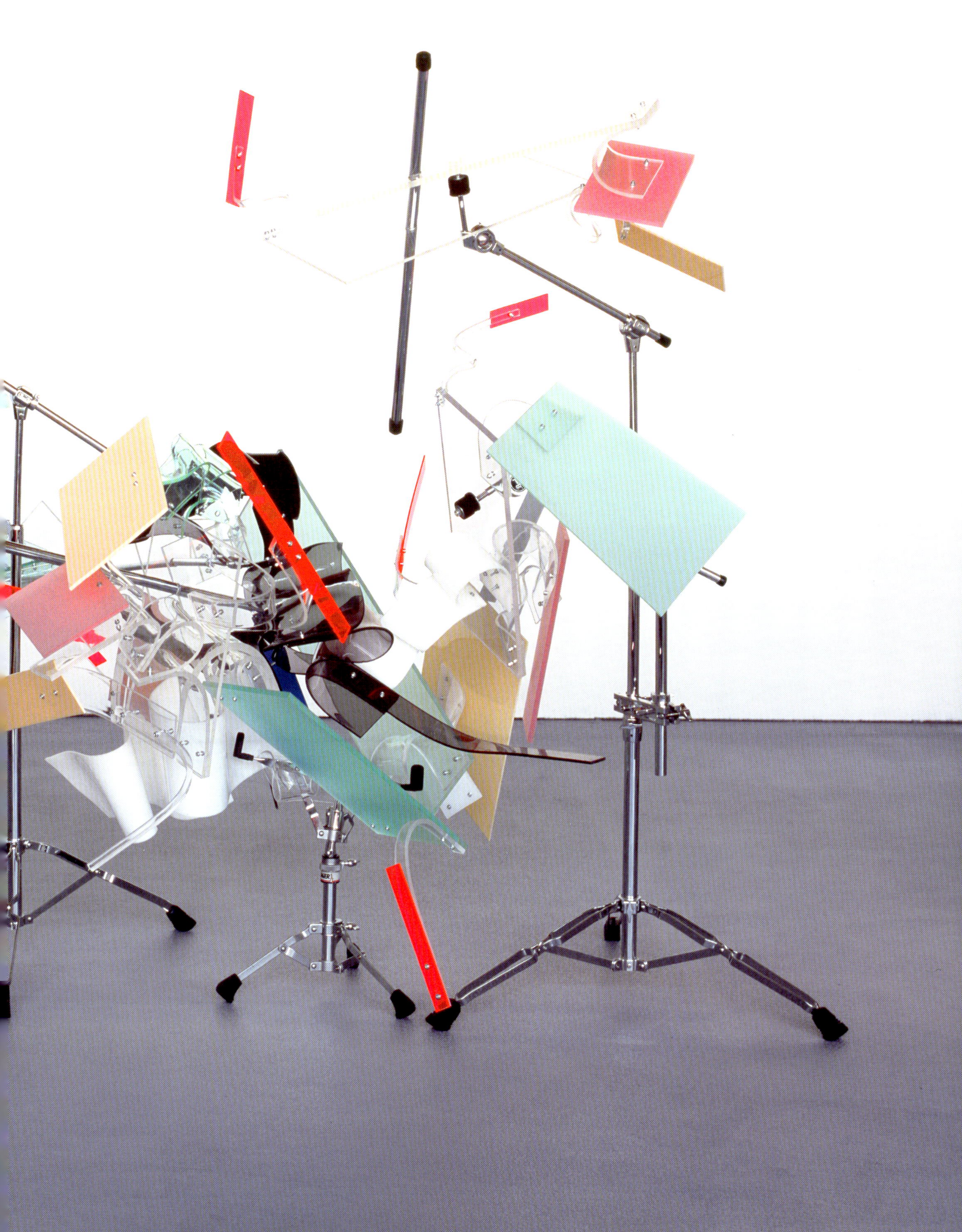

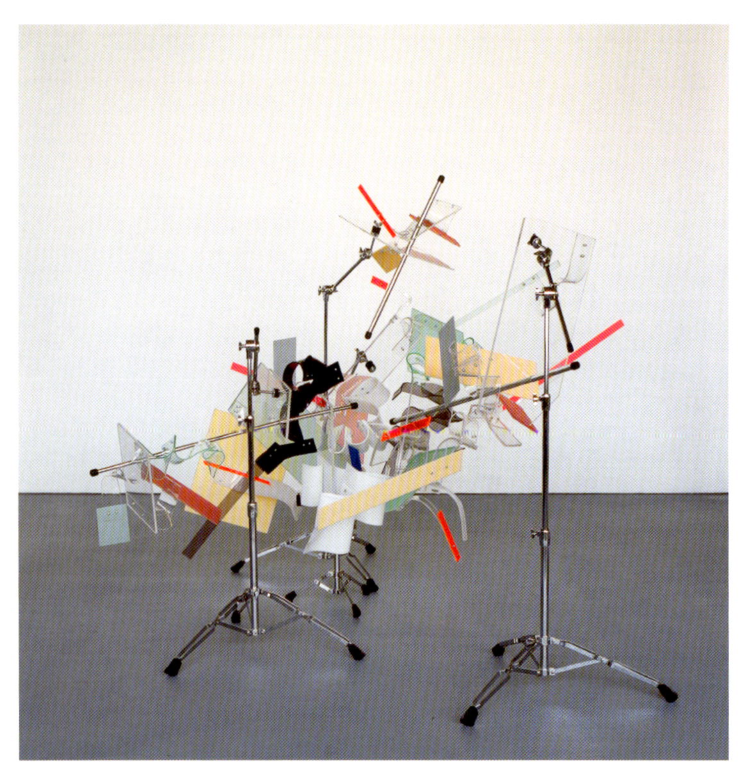

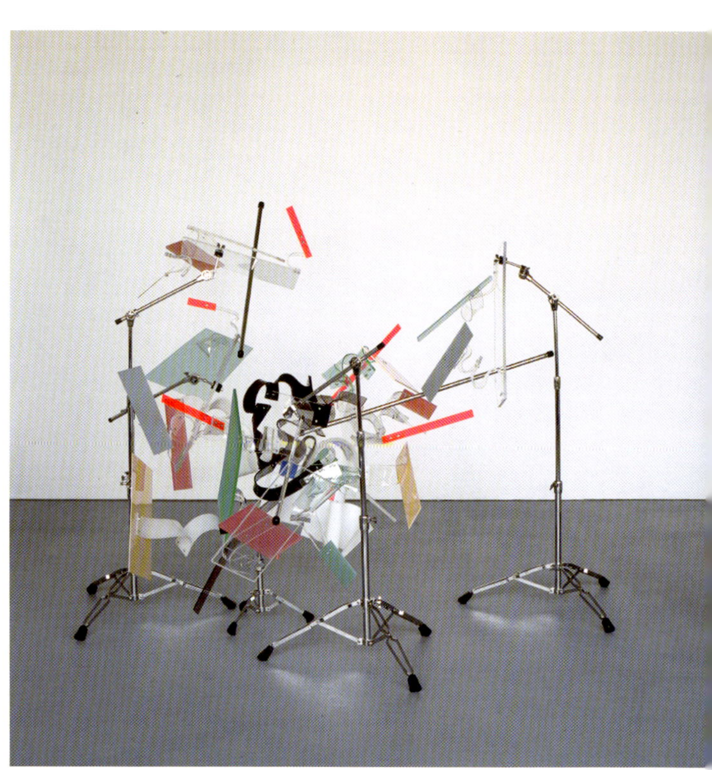

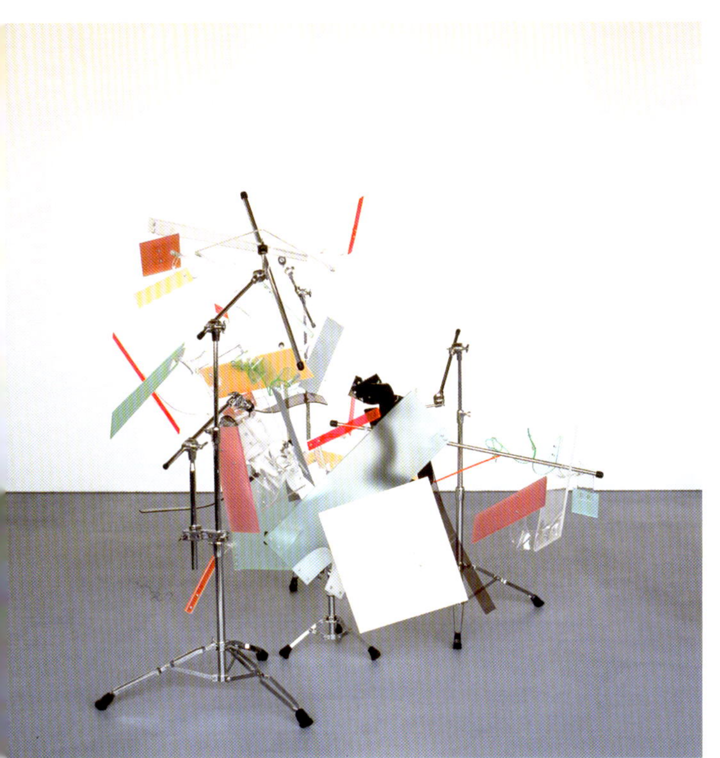

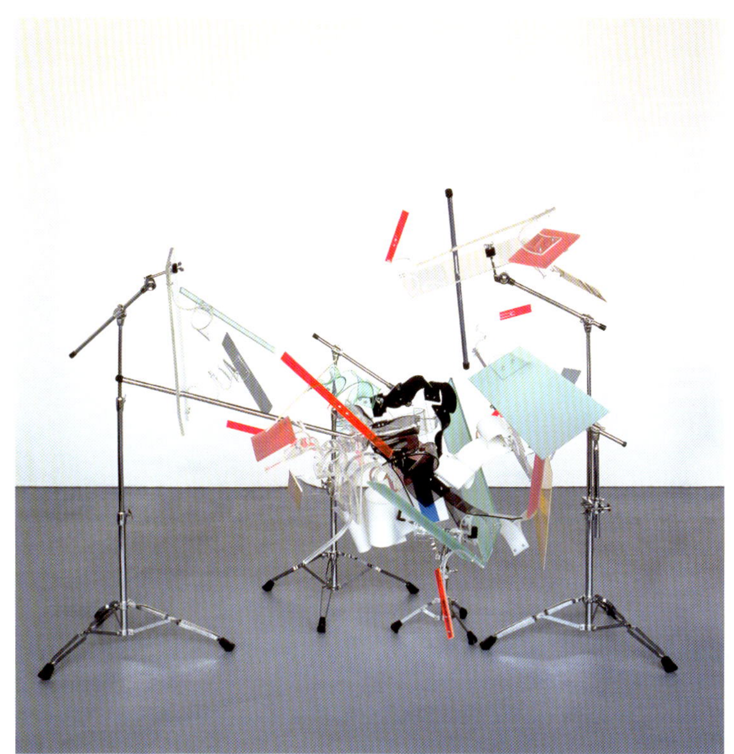

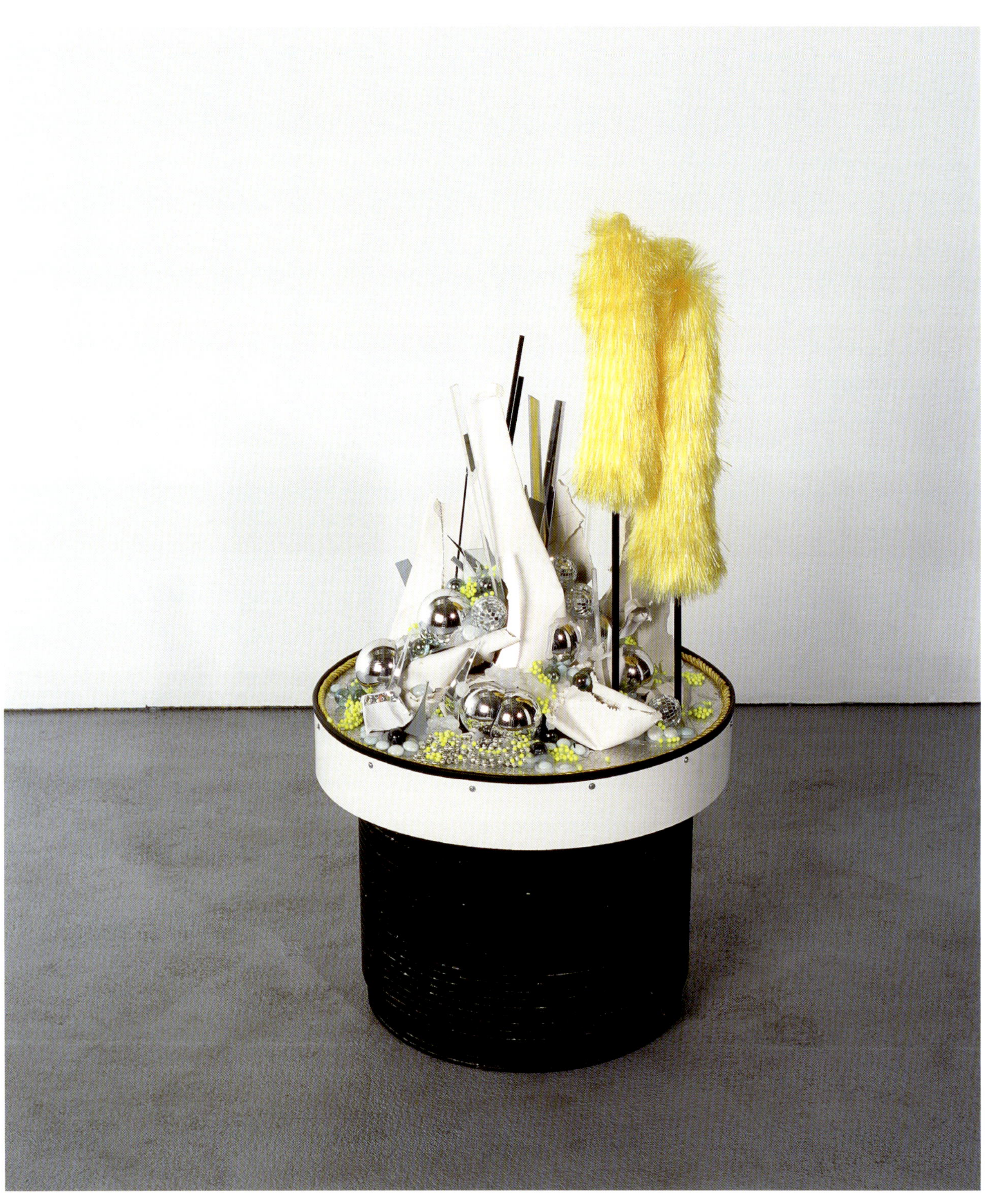

C. D. F.
2008, Gips, Silikon, Acryl,
Christbaumkugeln, Gummi,
Schrauben, Effektfolie, Staubwedel
60 x 60 x 110 cm

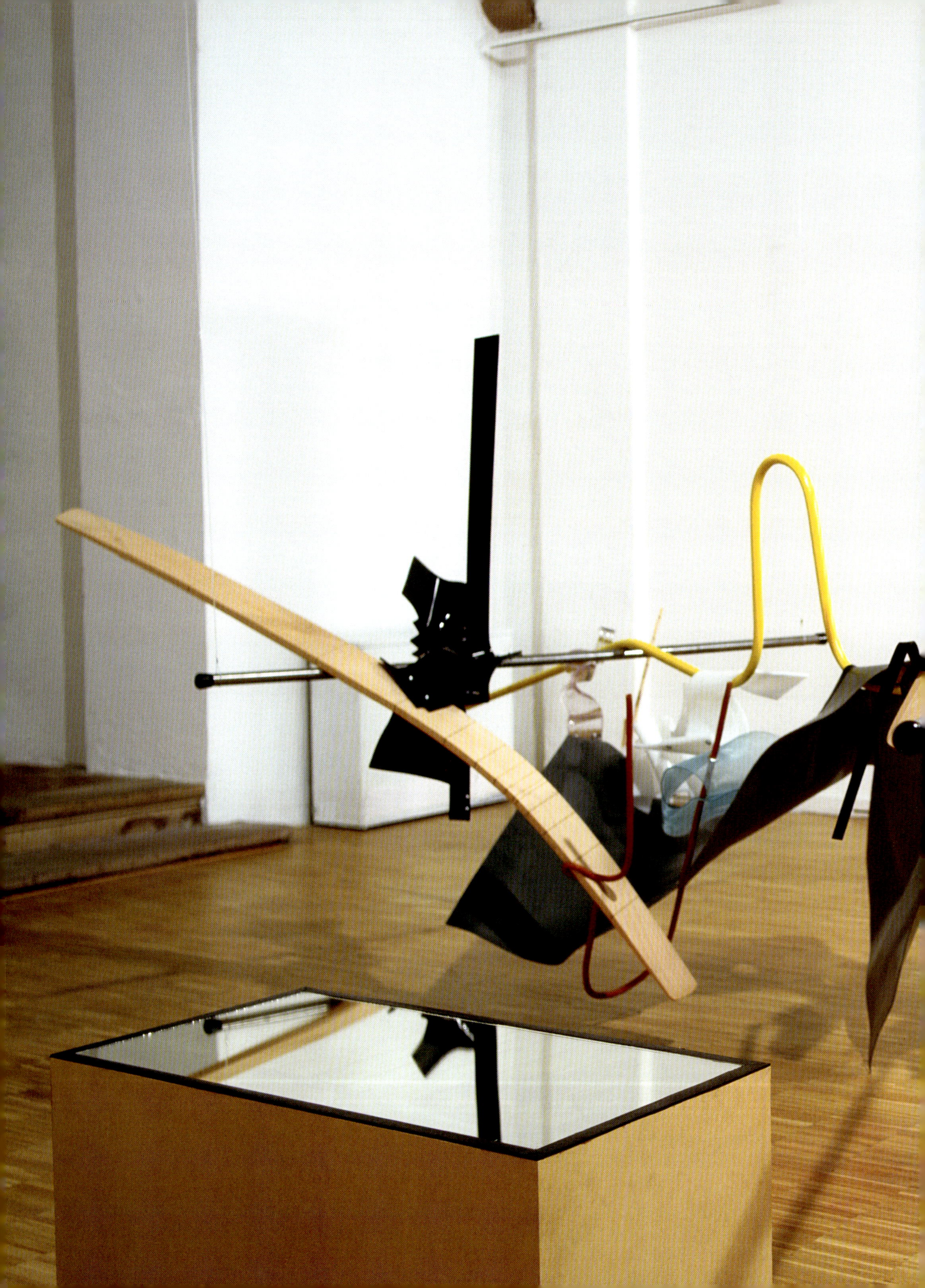

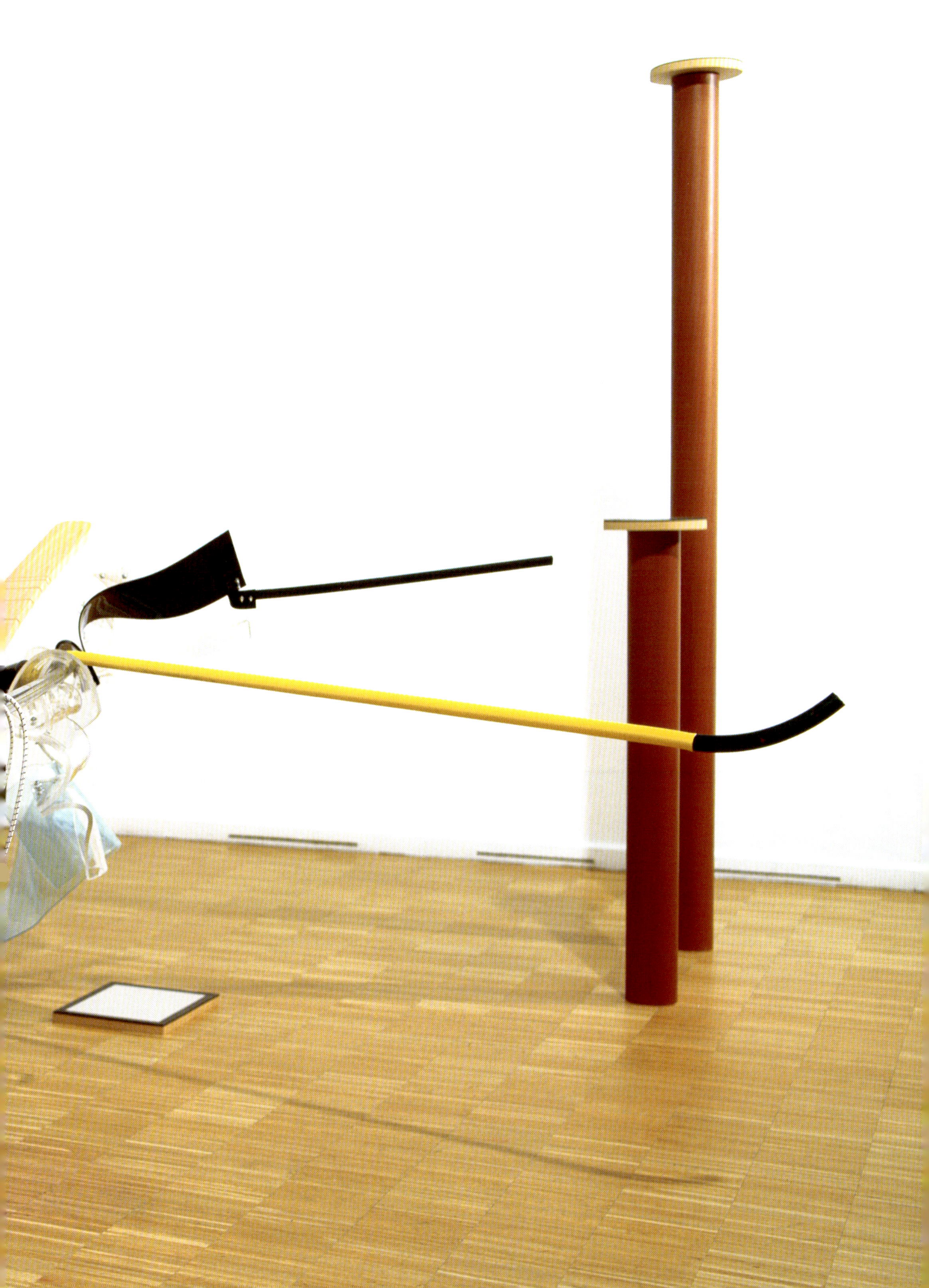

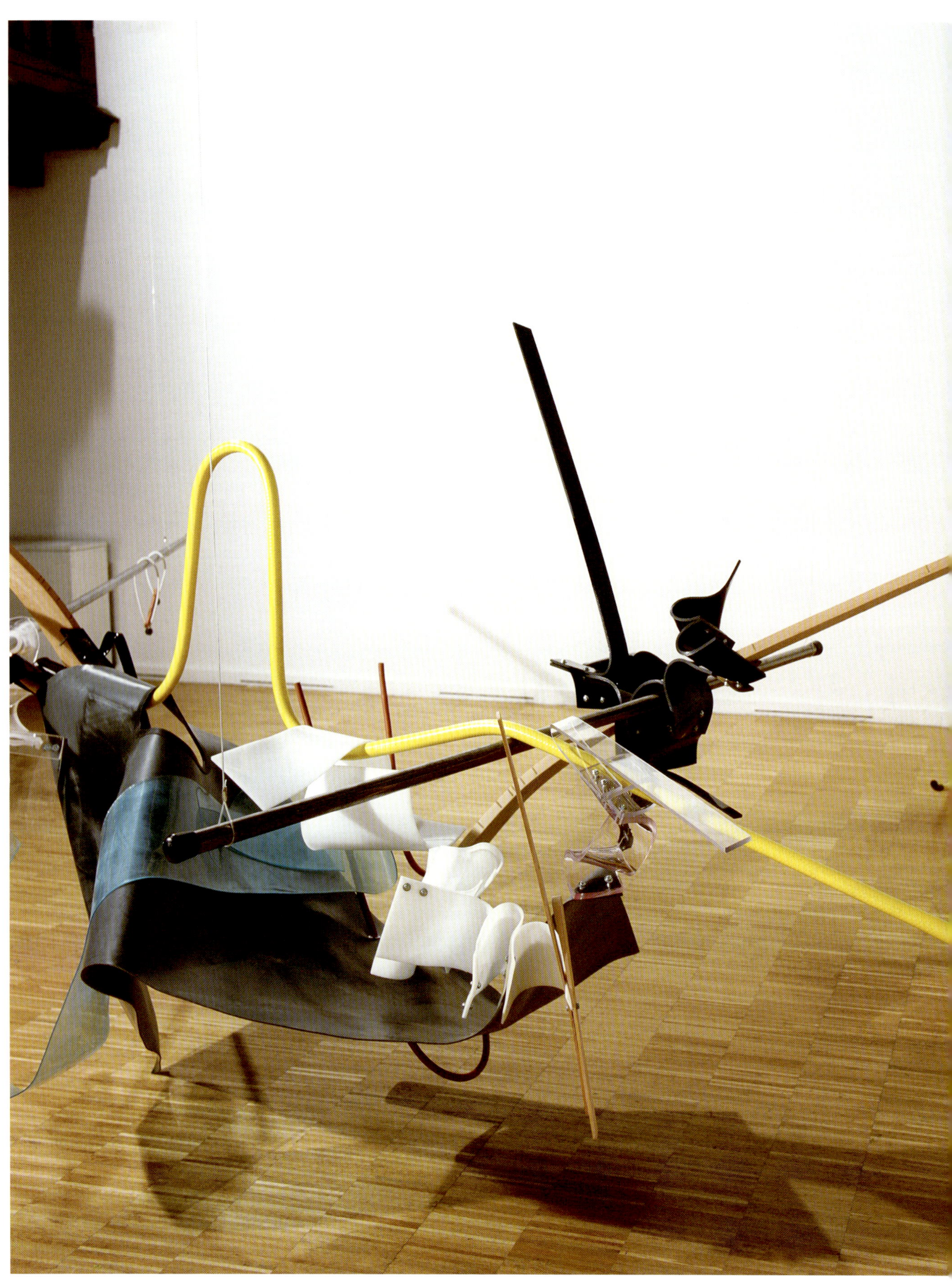

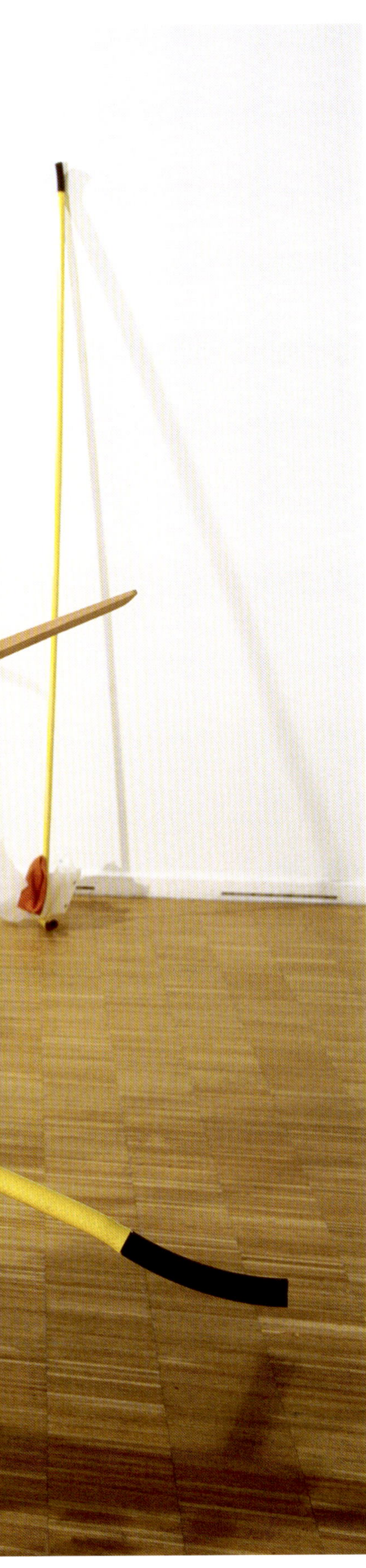

Come on Sam

2007, Installation
Acrylglas, Stahl, Holz, MDF, Gummi,
PVC-Rohre, Haifischfangschnur, Spiegel
Maße variabel

Déjà-vu

2008, Acrylglas, PVC, Schrauben,
Edelstahl, Chenille-Draht, Holz
140 x 95 x 285 cm

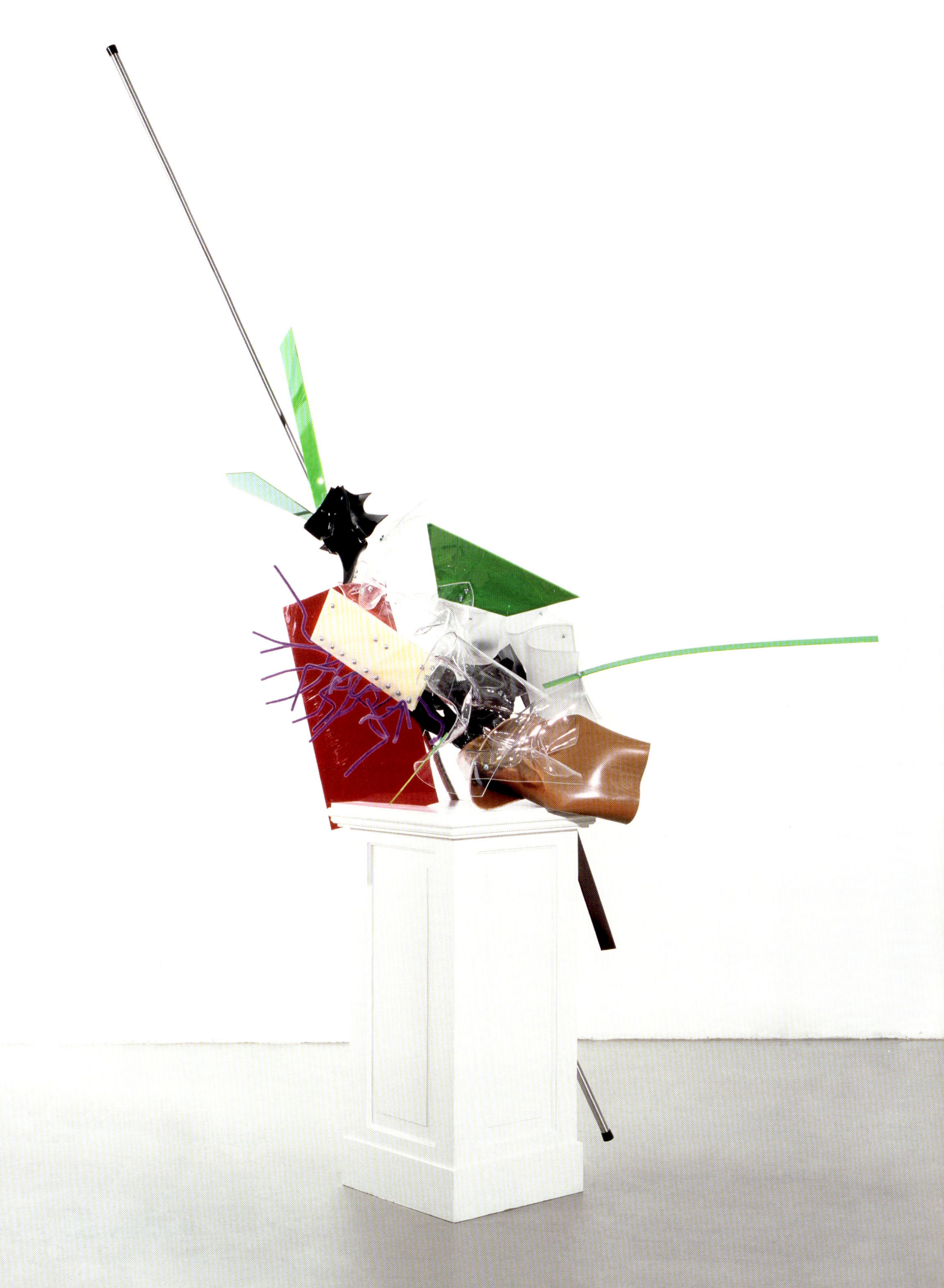

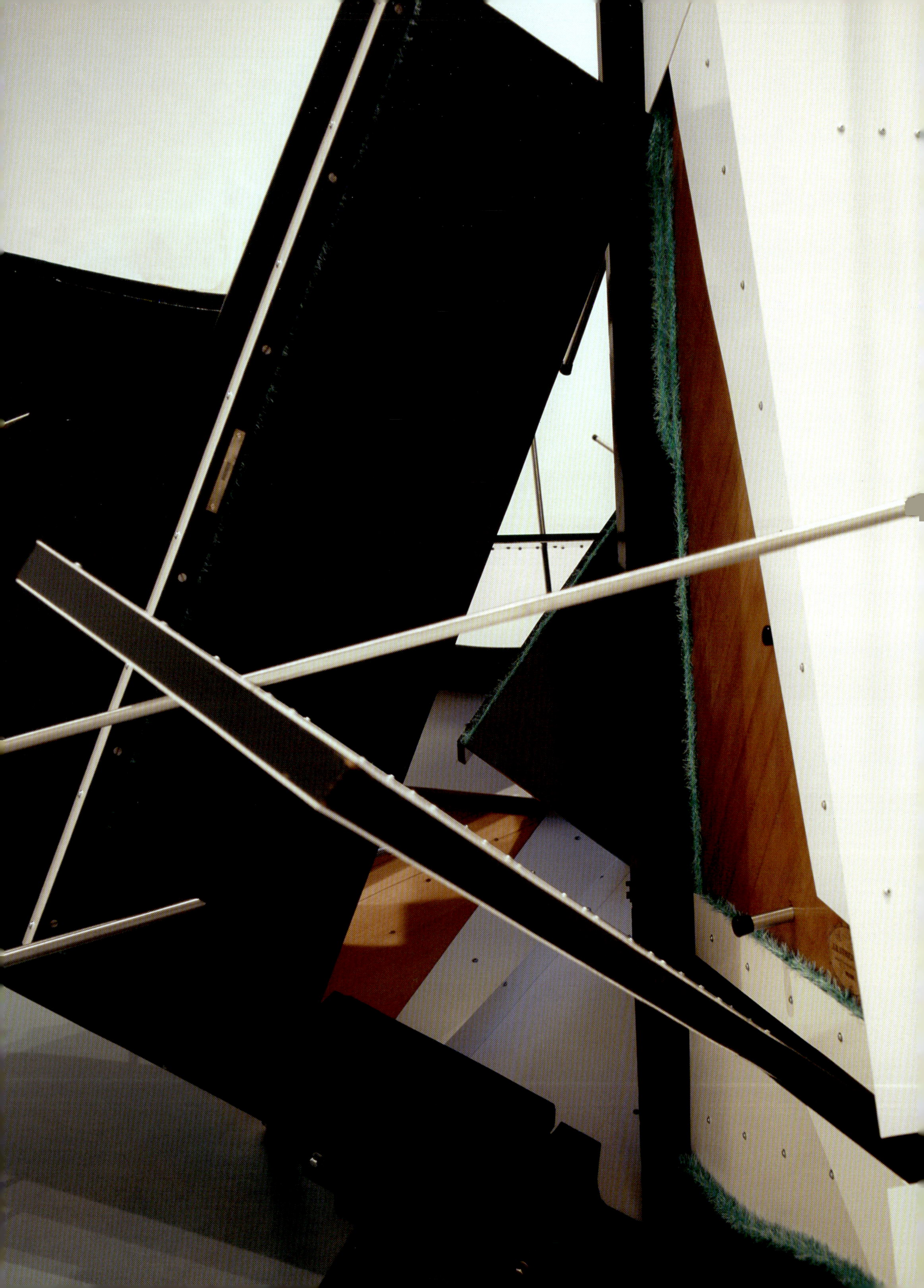

Polyrhythmic Walkabout
2008, zwei Konzertflügel, ein Kurzflügel,
PVC, Edelstahl, Schrauben, Wolle
490 x 320 x 280 cm

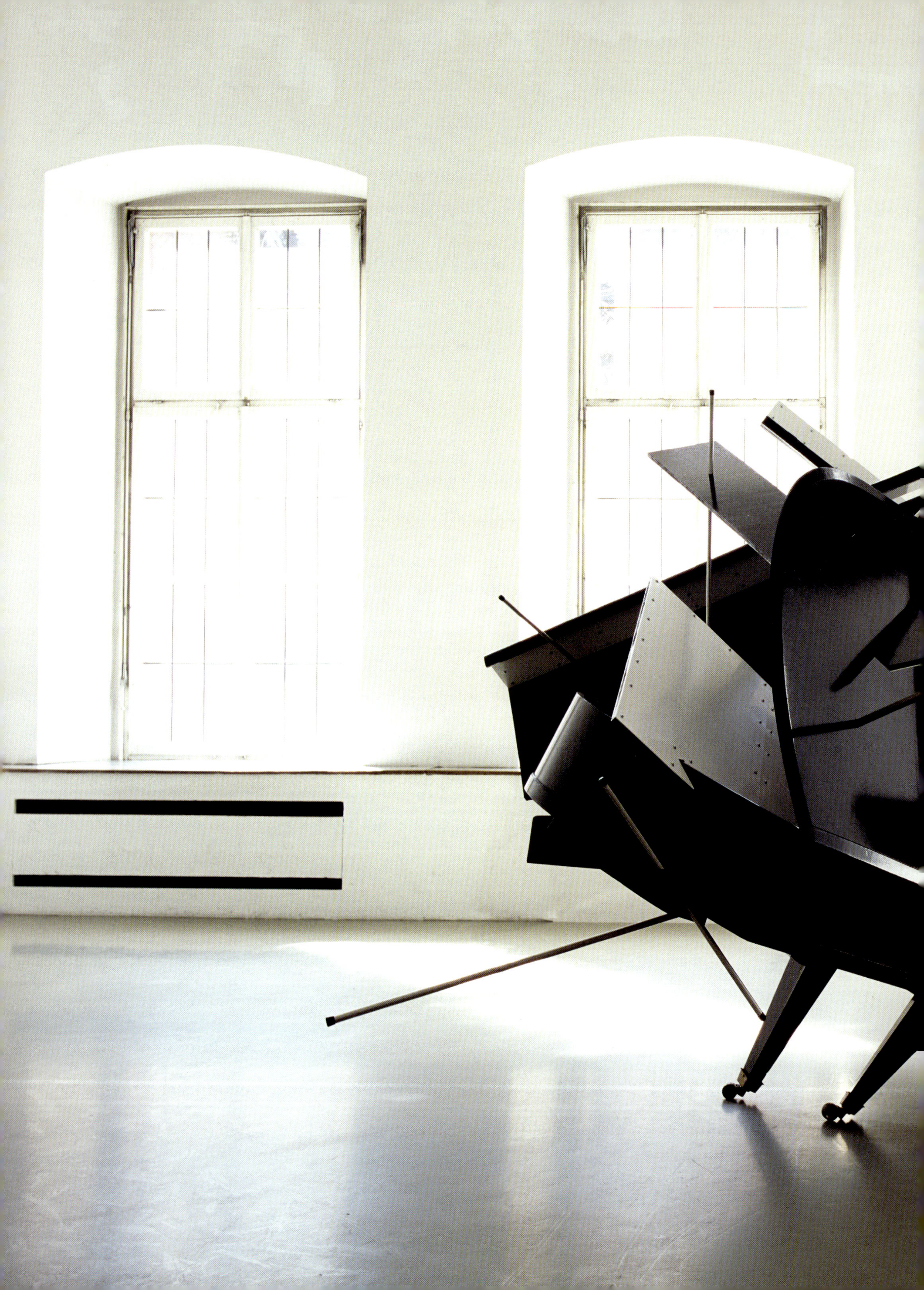

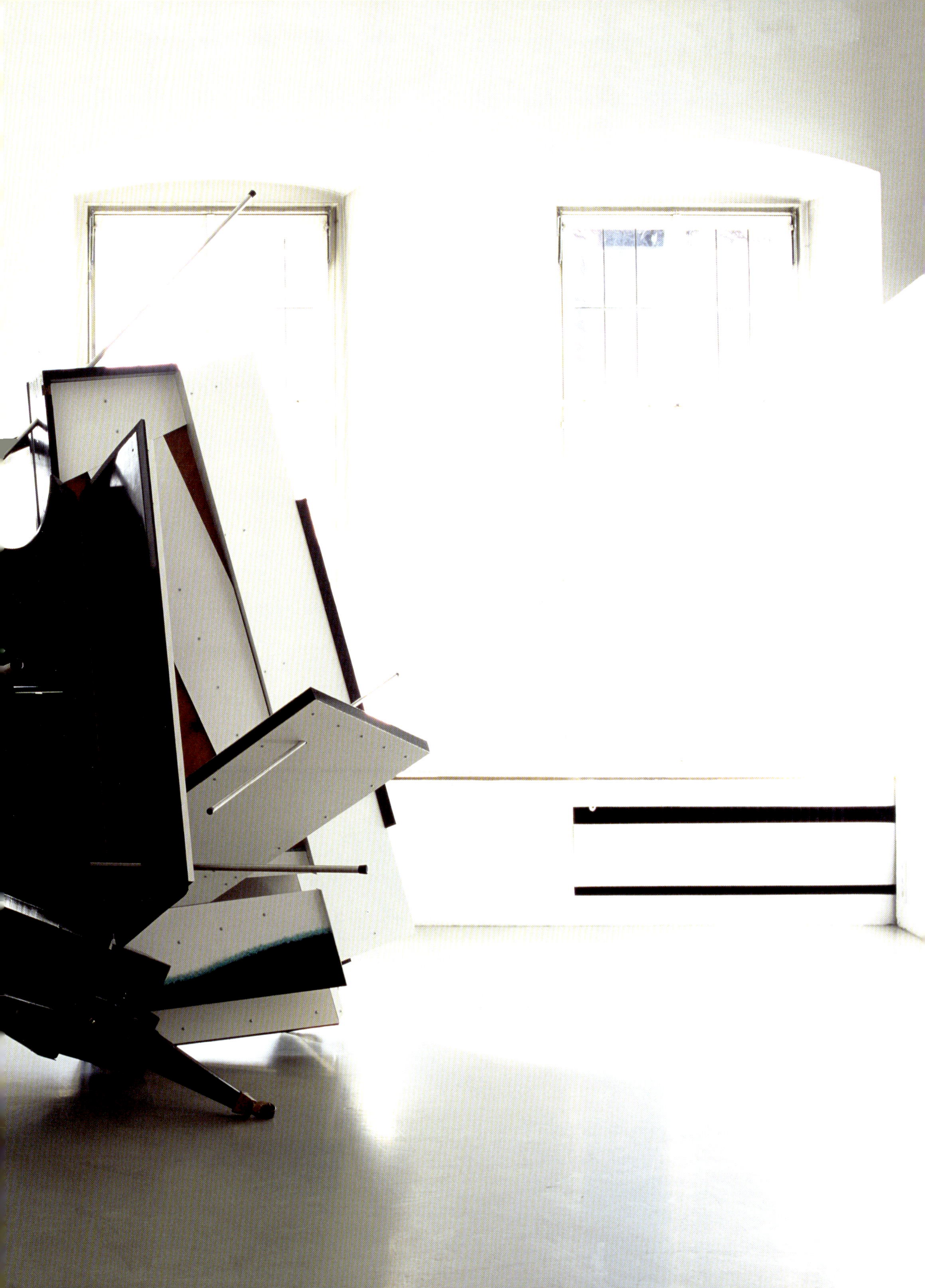

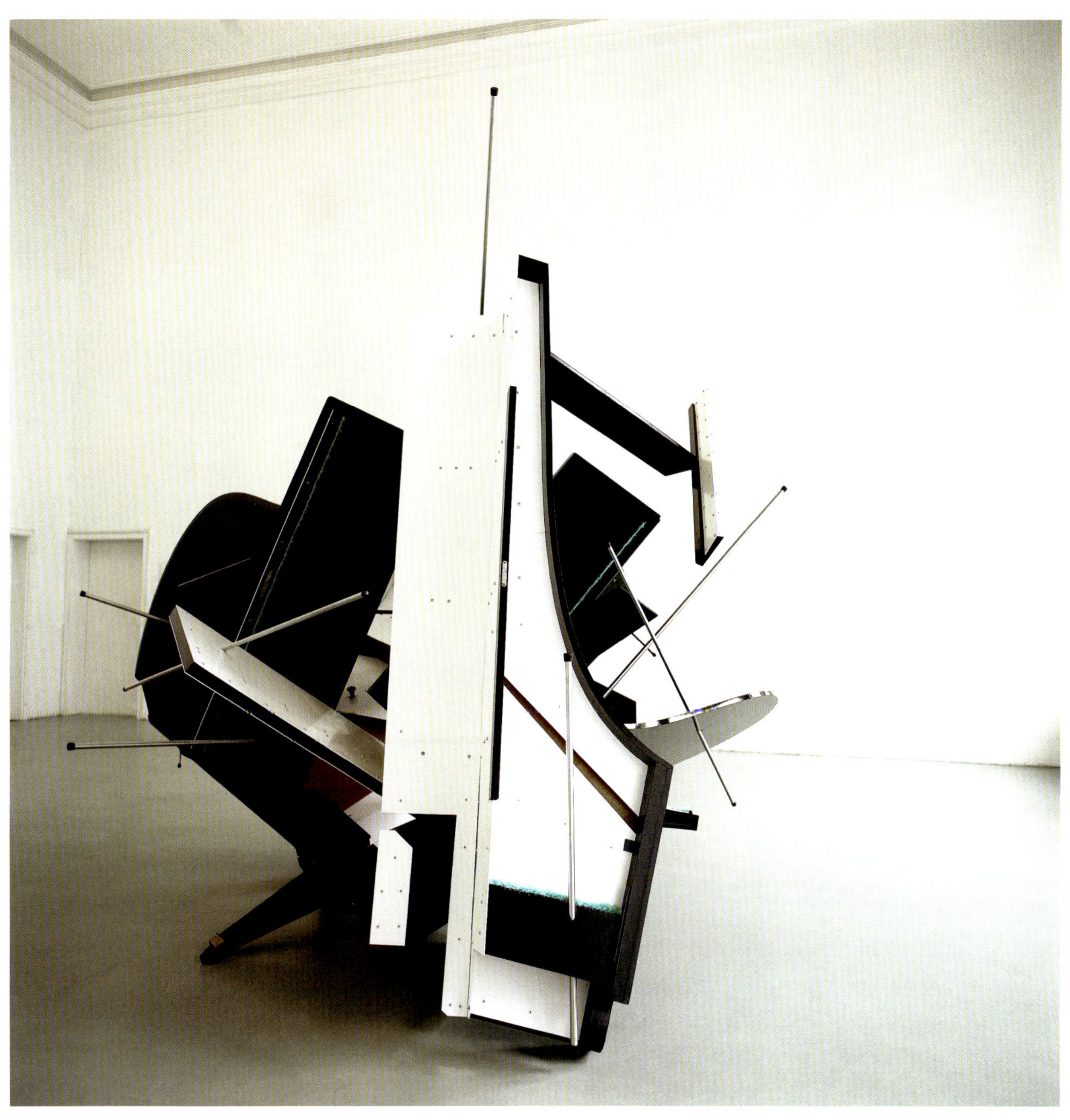

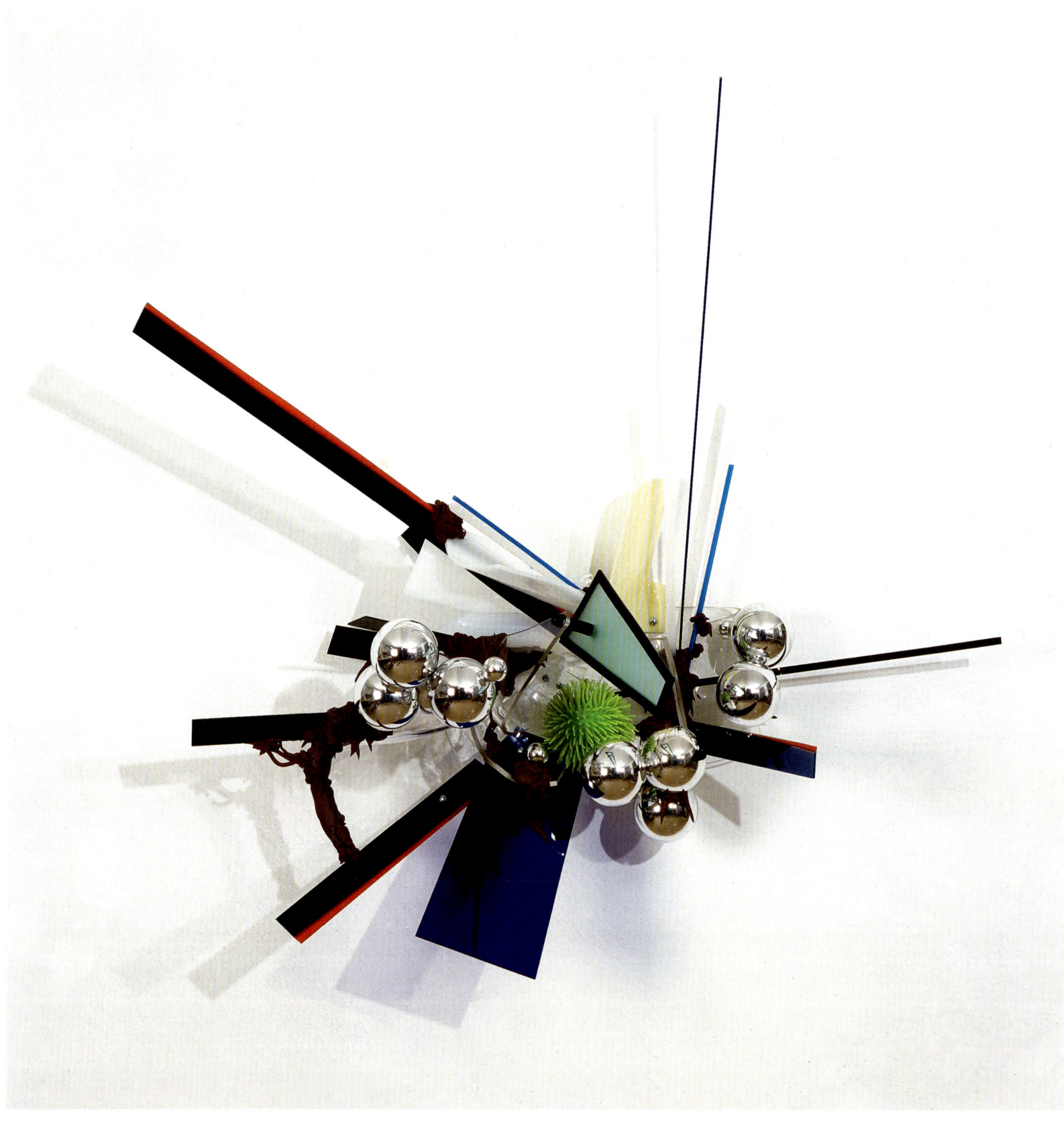

Strangelet III

2007, Acrylglas, Silikon, Acryl,
Christbaumkugeln, Gummi, Schrauben
100 x 90 x 50 cm

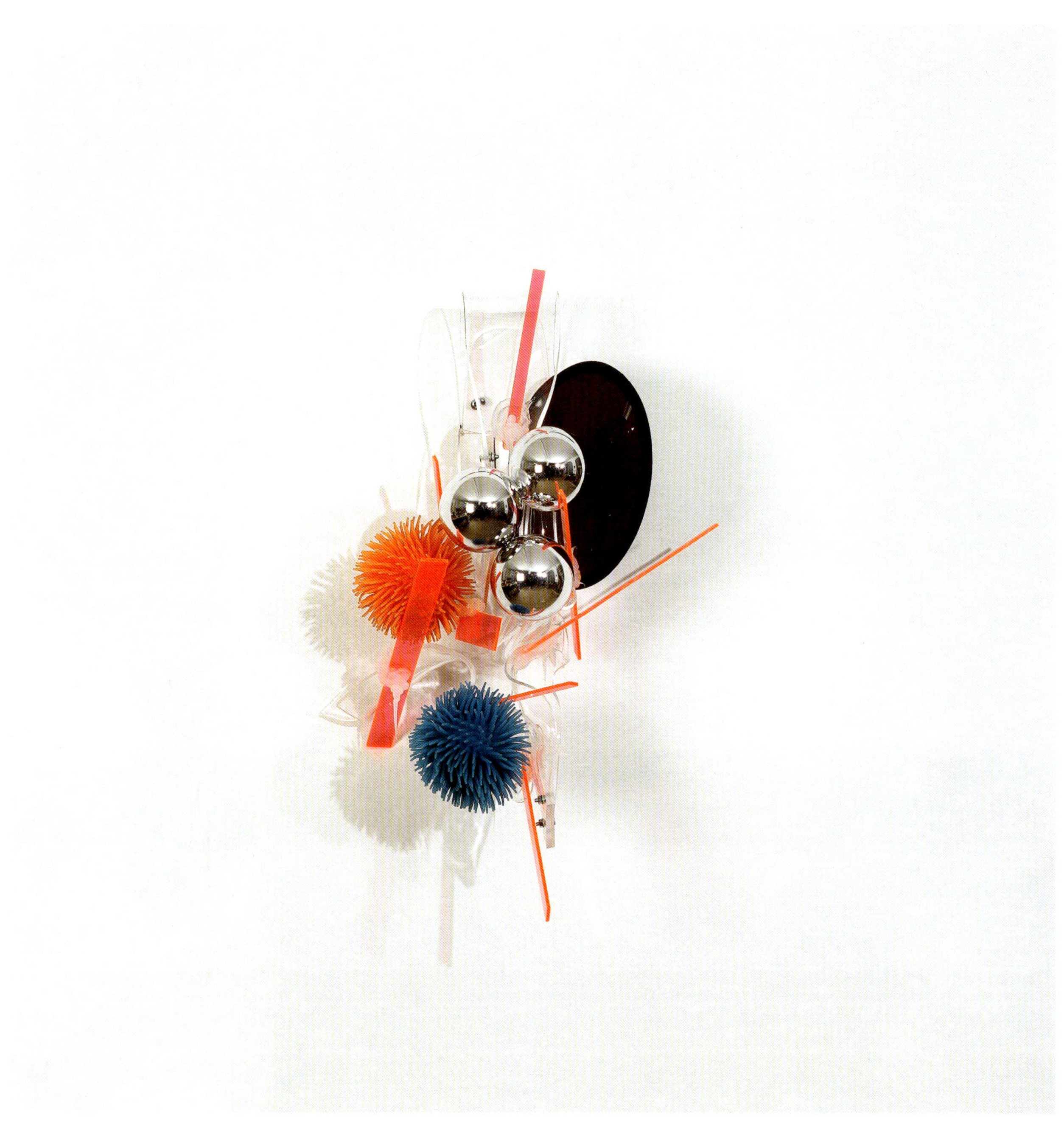

Strangelet I

2007, Acrylglas, Silikon,
Christbaumkugeln, Gummi, Schrauben
30 x 55 x 35 cm

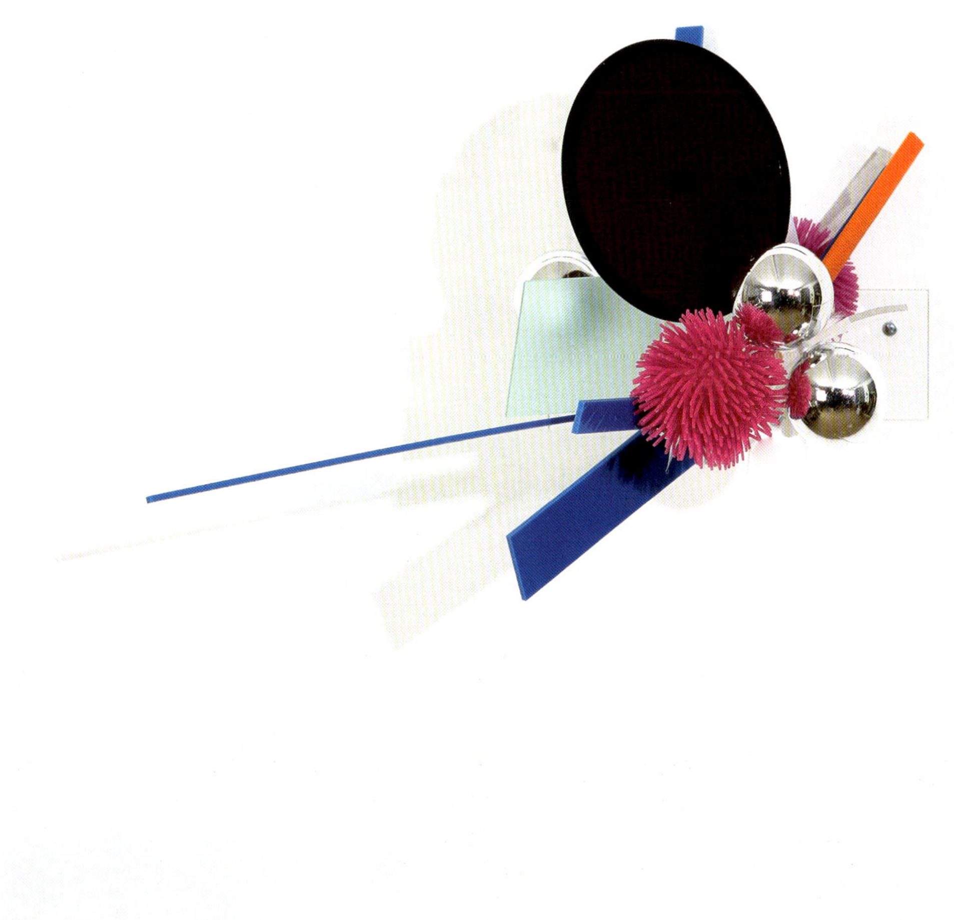

Strangelet II
2007, Acrylglas, Silikon,
Christbaumkugeln, Gummi, Schrauben
90 x 45 x 50 cm

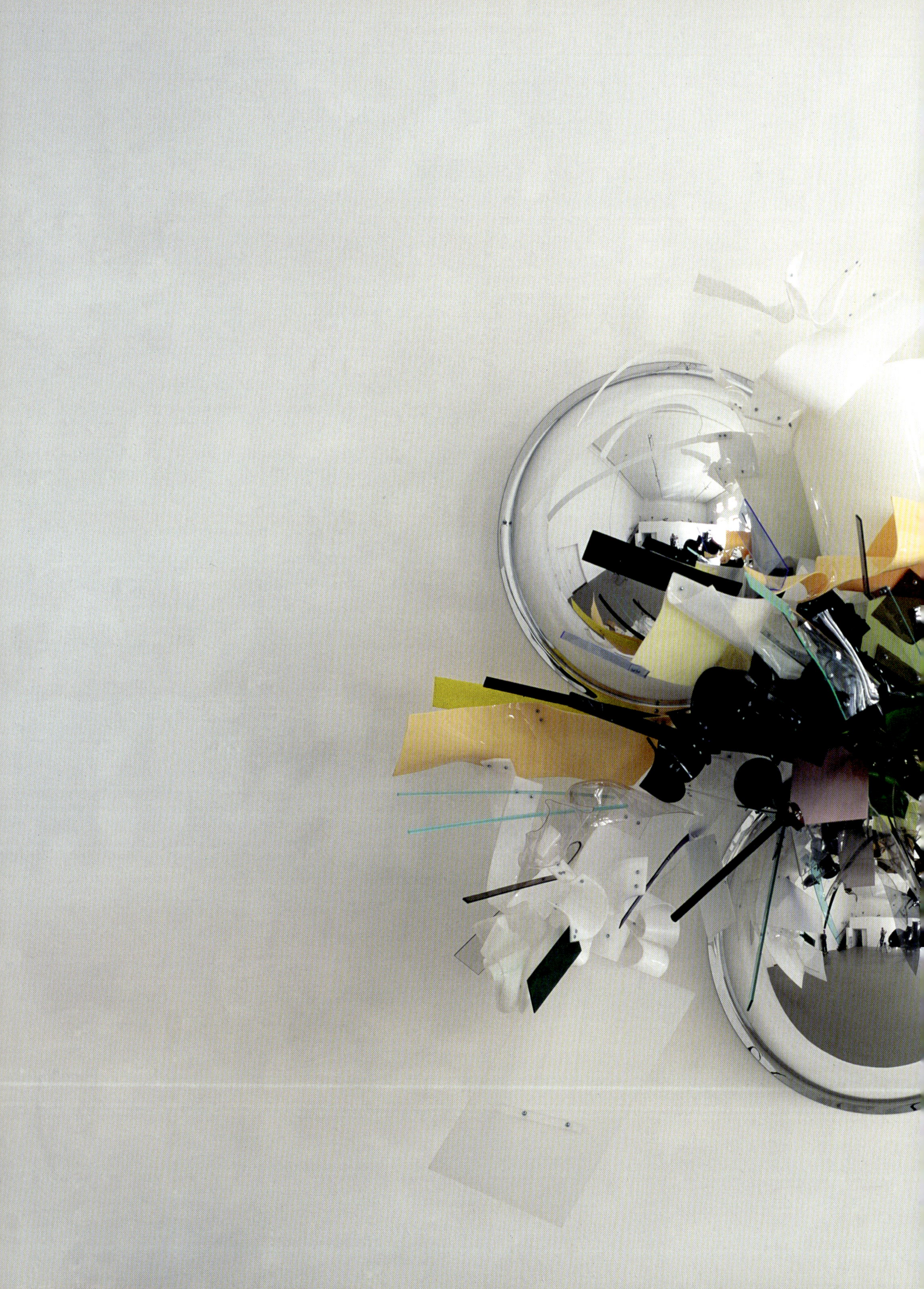

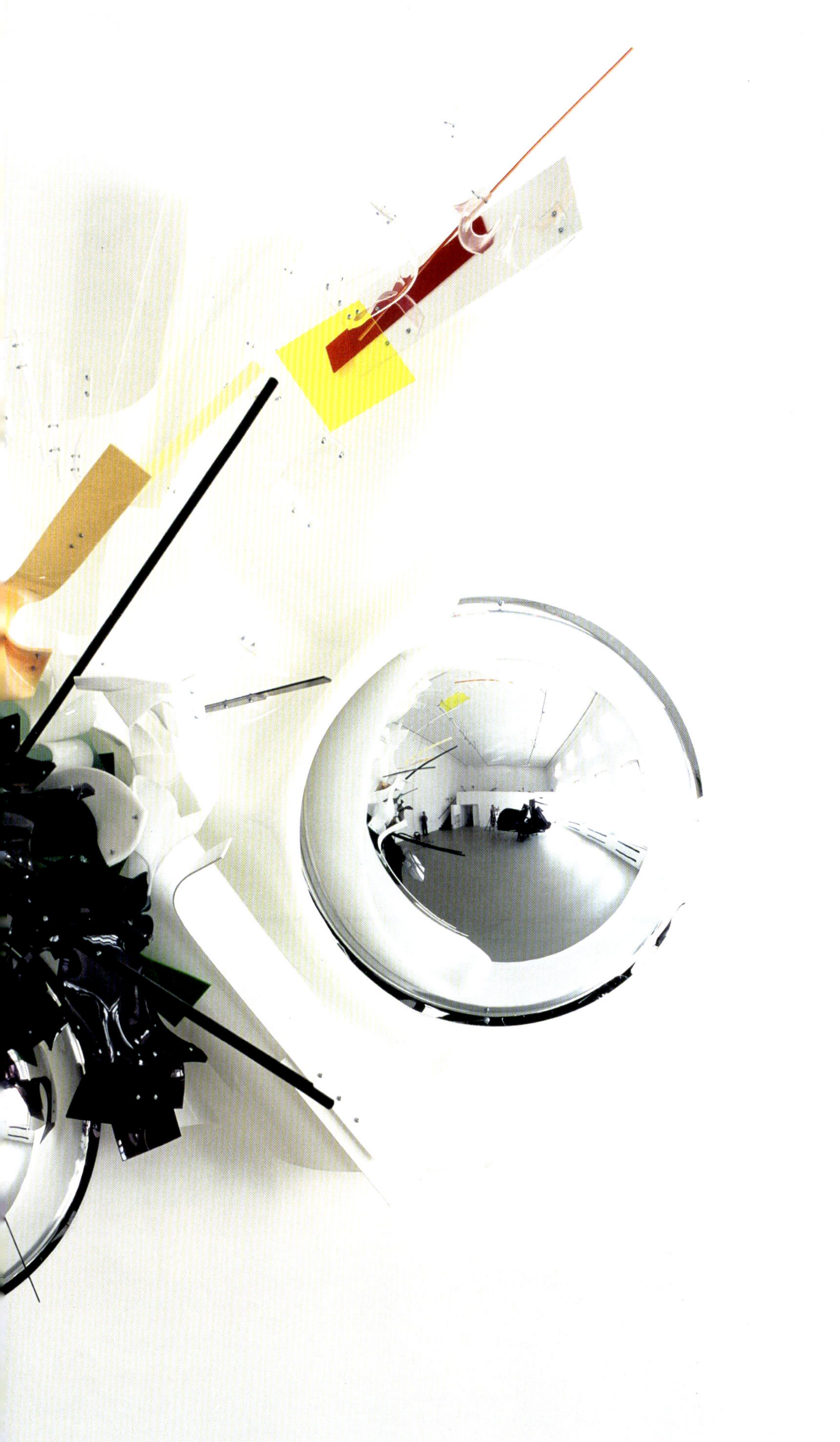

Buckle Your Seatbelt Dorothy. .

2007, Überwachungsspiegel,
Acrylglas, PVC, Schrauben
320 x 170 x 240 cm

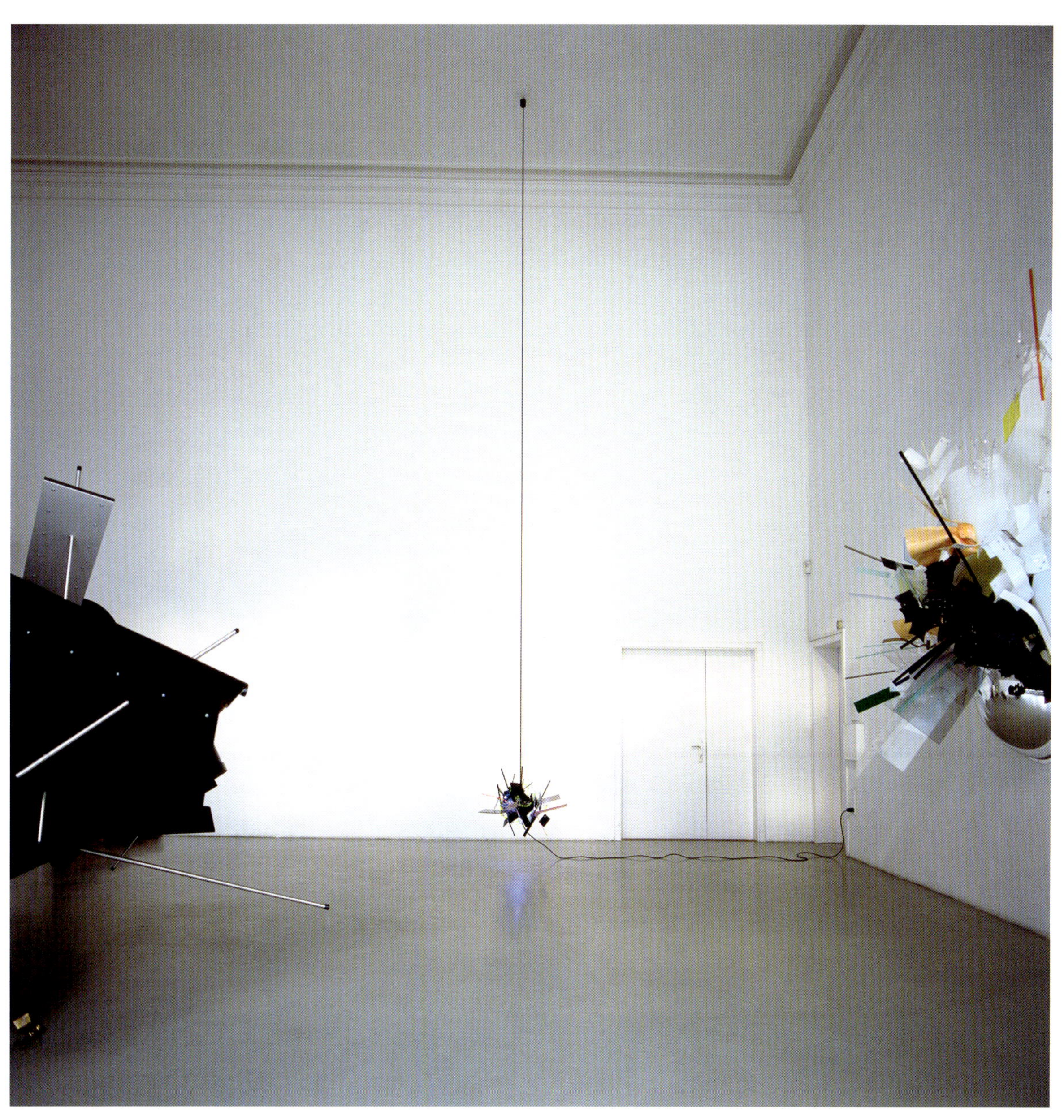

Ausstellungsansicht
2008, Forum Kunst, Rottweil

Superstrangelet

2008, Acrylglas, PC-Wasserkühlungsschlauch,
Kabelspirale, Gummi, Kabel, Schwarzlichtlampe
110 x 90 x 75 cm

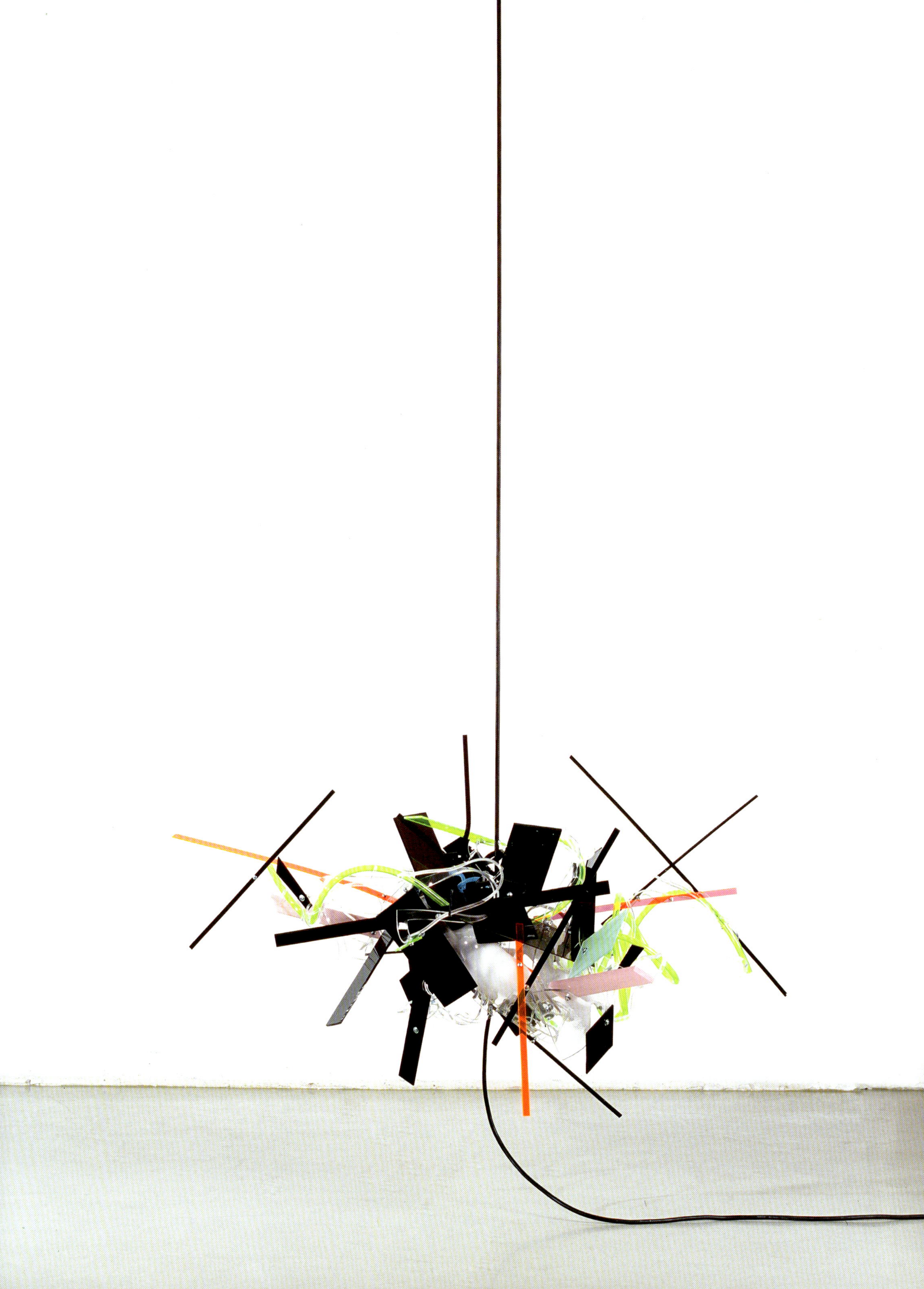

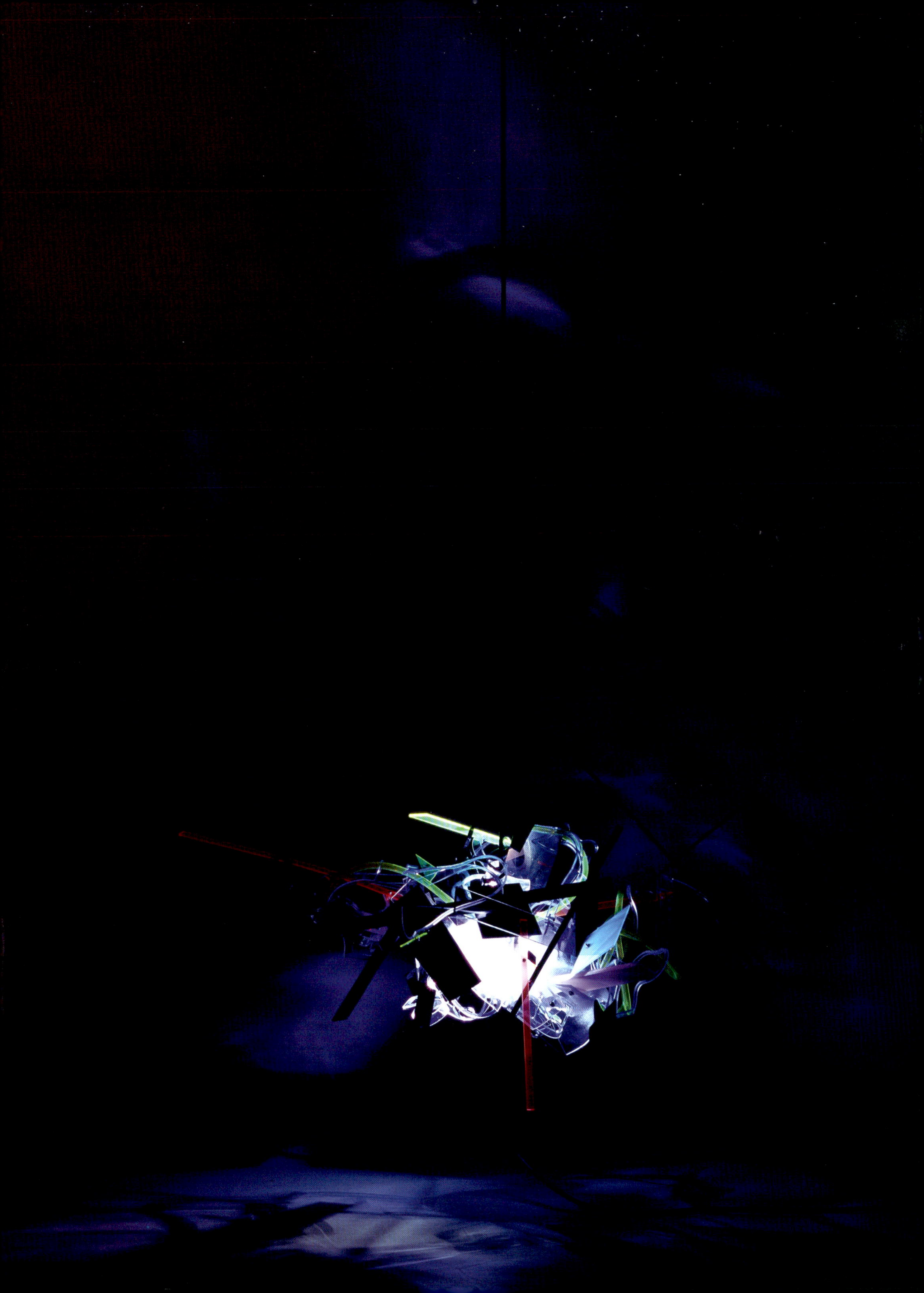

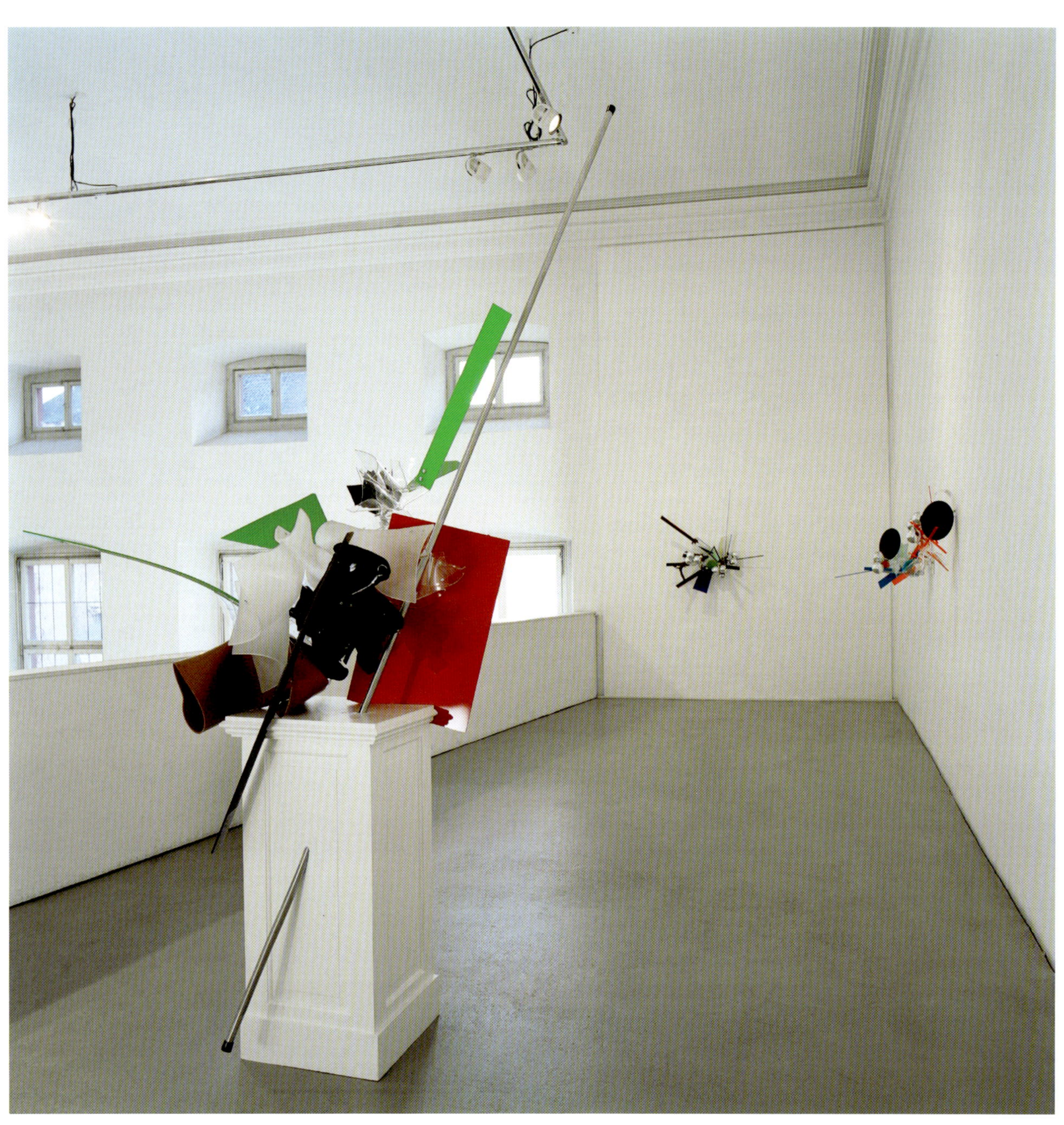

Ausstellungsansicht
2008, Forum Kunst, Rottweil

Strangelet IV
2008, Acrylglas, Silikon,
Christbaumkugeln, Chenille-Draht,
Schrauben
70 x 65 x 40 cm

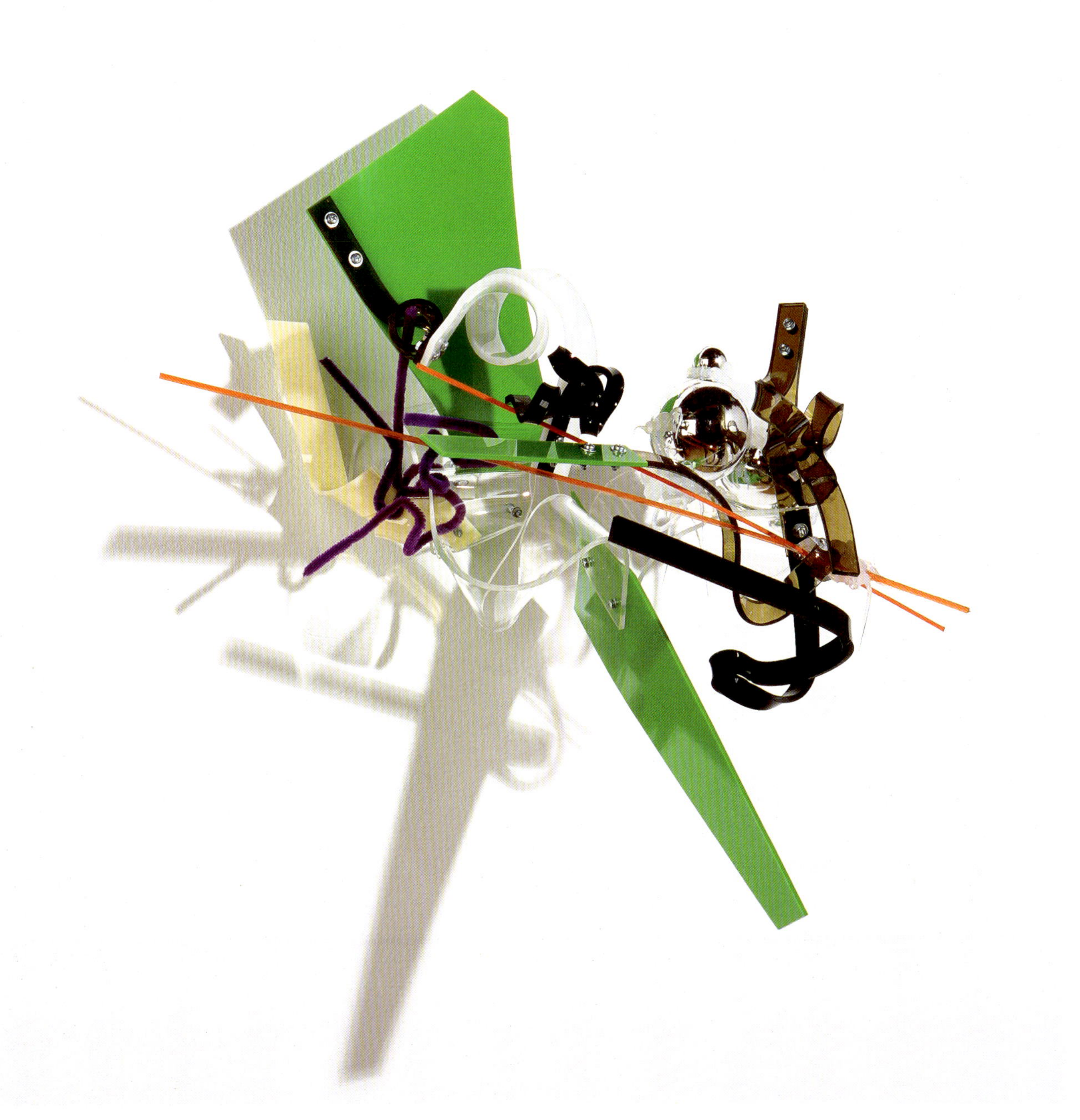

Hyperbluestrangelet

2008, Acrylglas, Silikon, Edelstahl,
PP-Seil, Wolle, Chenille-Draht,
Leuchtkabel
103 x 120 x 55 cm

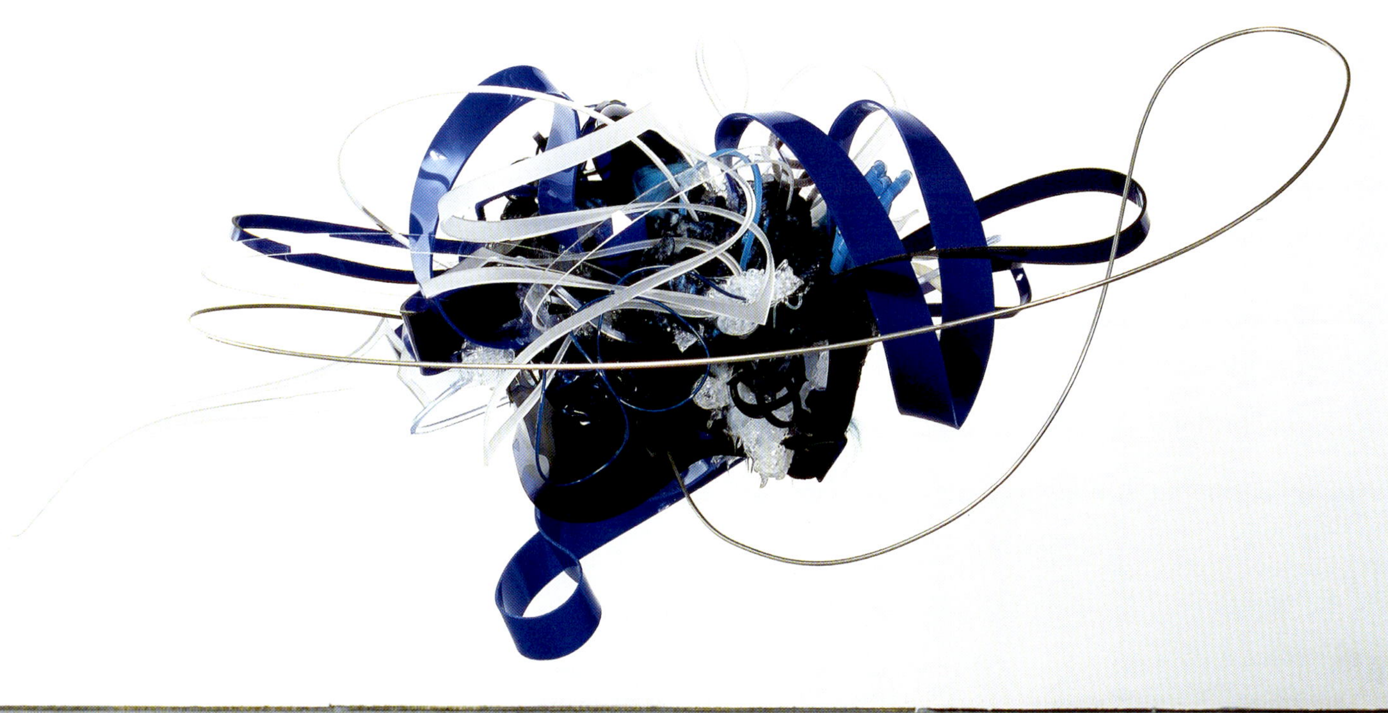

Werkverzeichnis 2000—2008
/List of Works 2000—2008

1 **Ikarus**
2000, Bronze/bronze
10 x 12 x 21 cm

2 **Tanz**
2000, Bronze/bronze
35 x 28 x 23 cm
Privatsammlung, Nürnberg
/Private collection, Nuremberg

3 **Schulter**
2000, Stahl/steel
45 x 30 x 45cm

4 **Ikarus II**
2001, Holz und Stahl
/wood and steel
260 x 200 x 270 cm
Privatsammlung, Nürnberg
/Private collection, Nuremberg

5 **Tanz II (Home for Matisse)**
2001, Bronze/bronze
42 x 45 x 50 cm

6 **o.T.**
2001, Stahl/steel
55 x 50 x 50 cm

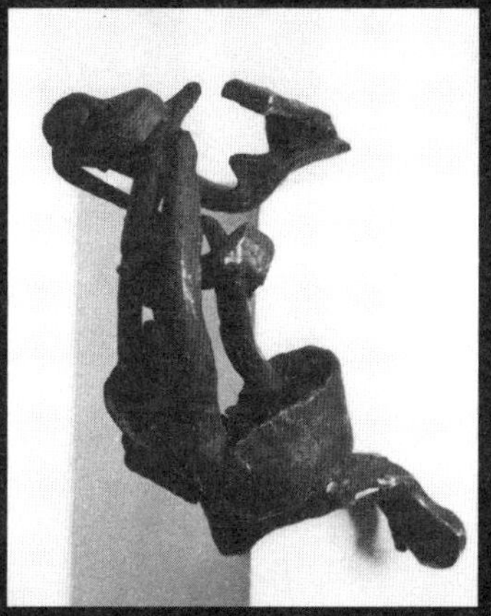
1

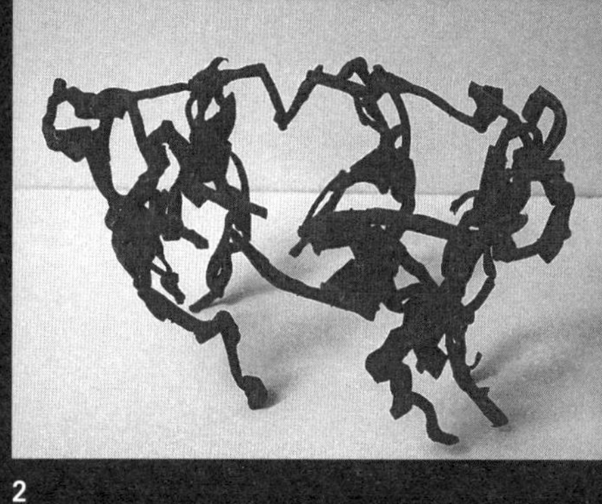
2

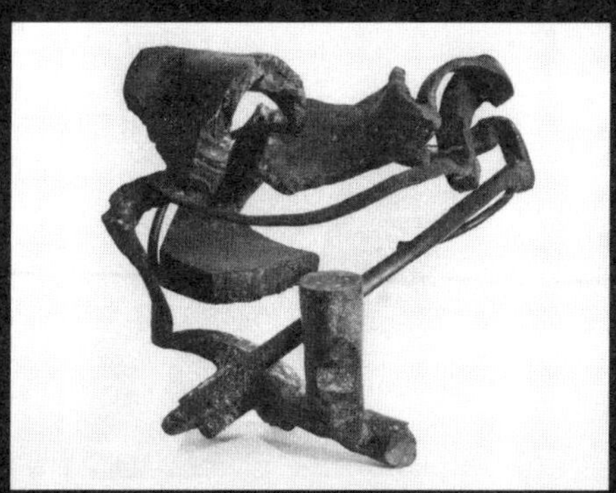
3

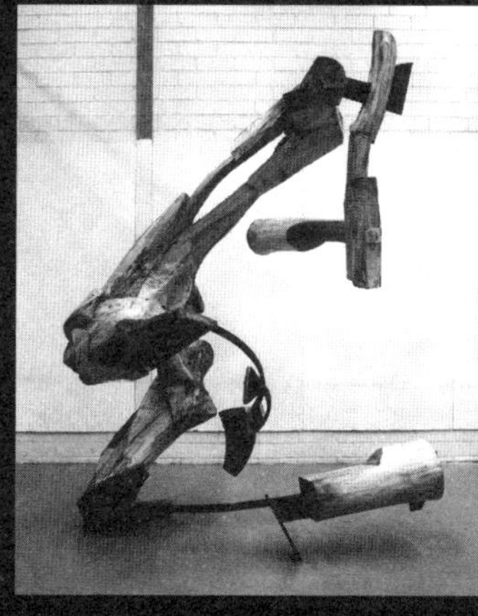
4

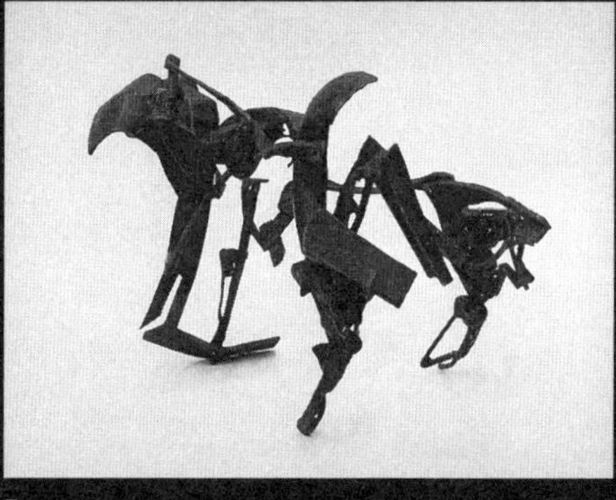
5

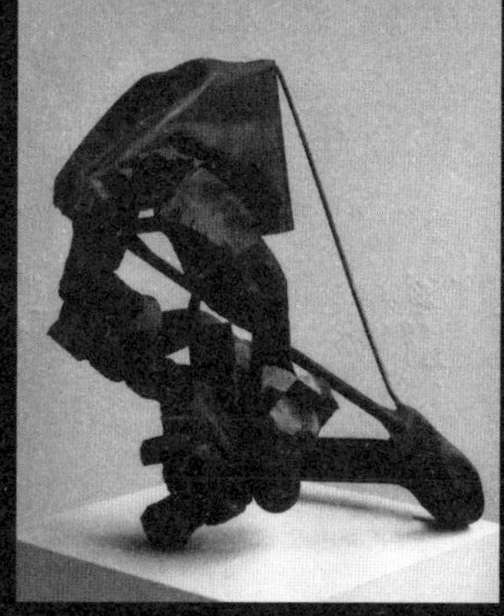
6

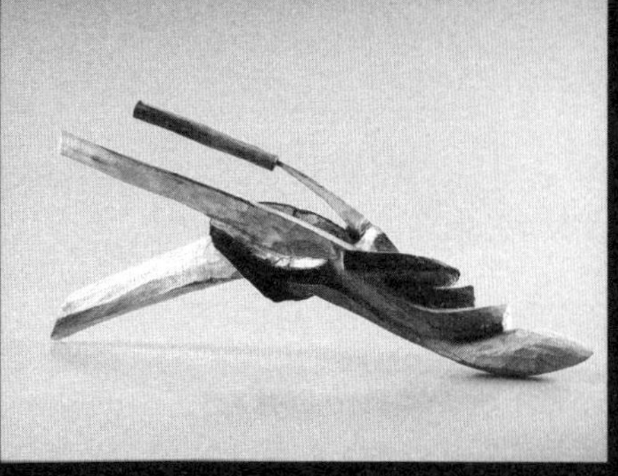

7

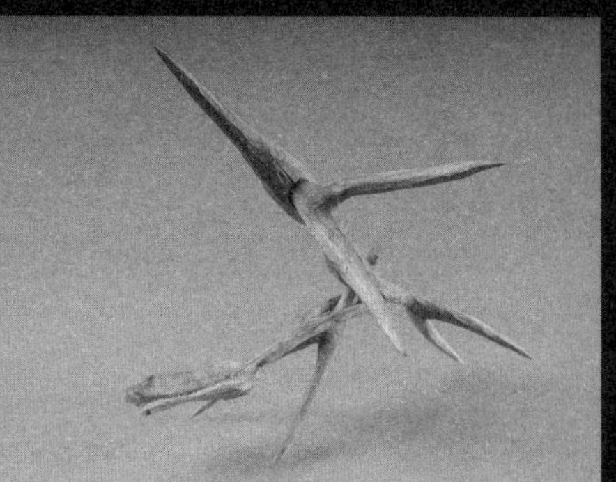

11

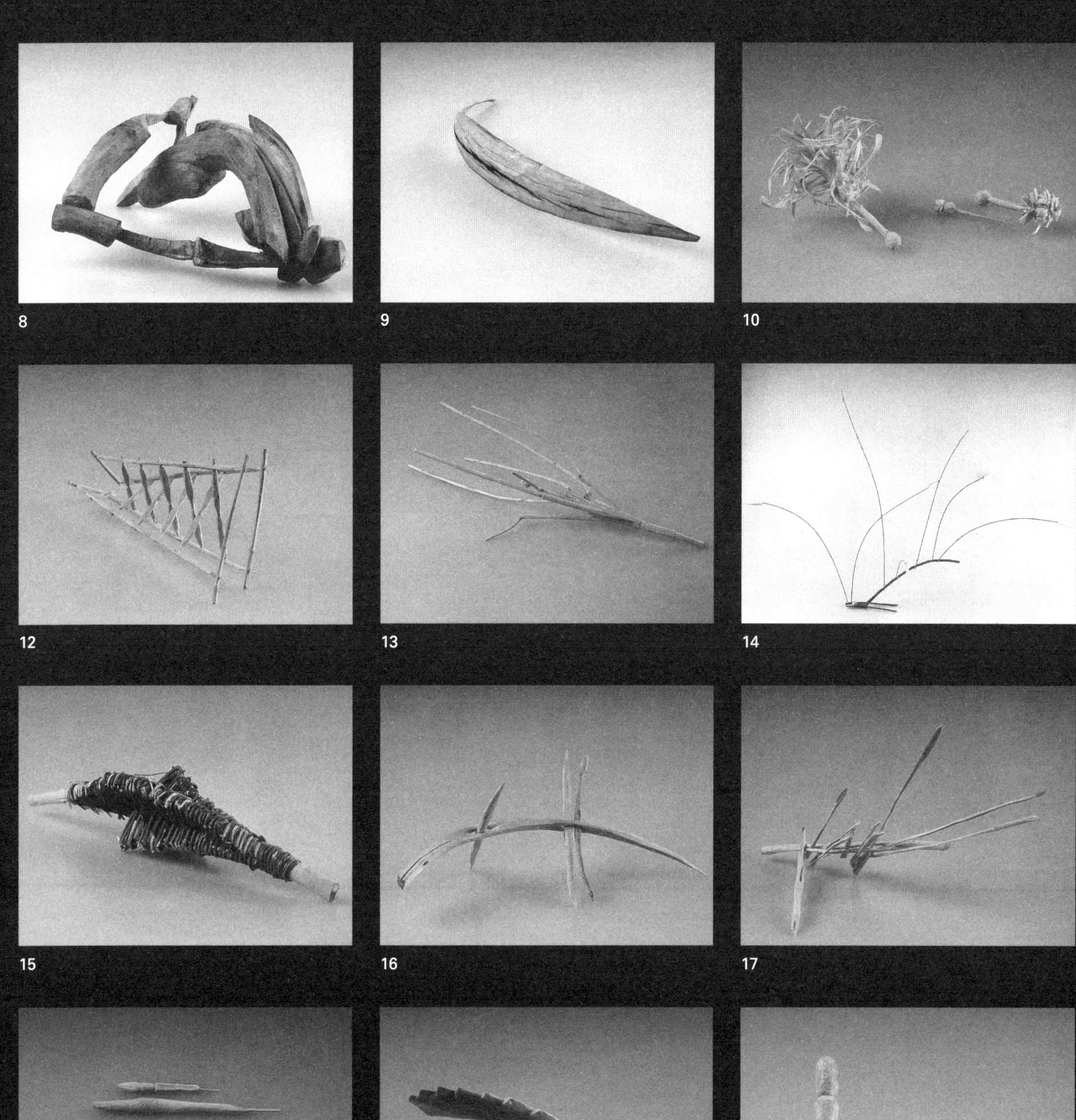
8
9
10
12
13
14
15
16
17
18
19
20

21 **Torso (klein)**
2001, Birkenholz/beech wood
10 x 25 x 15 cm

22 **Tanz III**
2002, Bronze, Holz
/bronze, wood
18 x 13 x 22 cm

23 **o.T. (Bein)**
2002, Kirsche/cherry wood
180 x 120 x 115 cm

26 **Spacecowboy II**
2003, versch. Materialien
/var. materials
100 x 100 x 70 cm

27 **Spacecowboy III**
2003, versch. Materialien
/var. materials
60 x 70 x 100 cm

28 **o.T.**
2003, Gummi/rubber
26 x 19 x 20 cm
Seite 58 / **page 58**
Privatsammlung, Zürich
/**Private collection, Zurich**

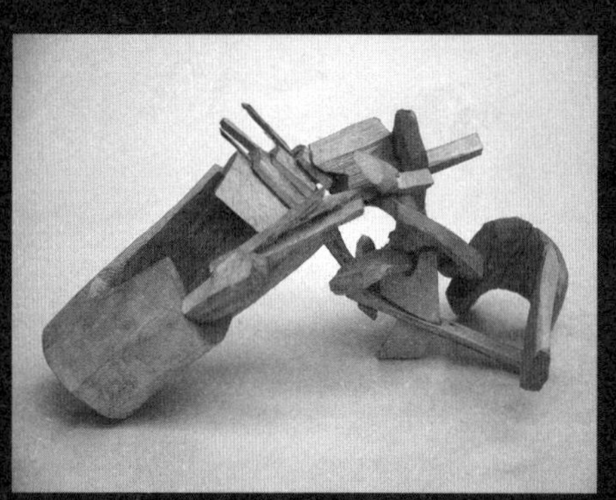
21

22

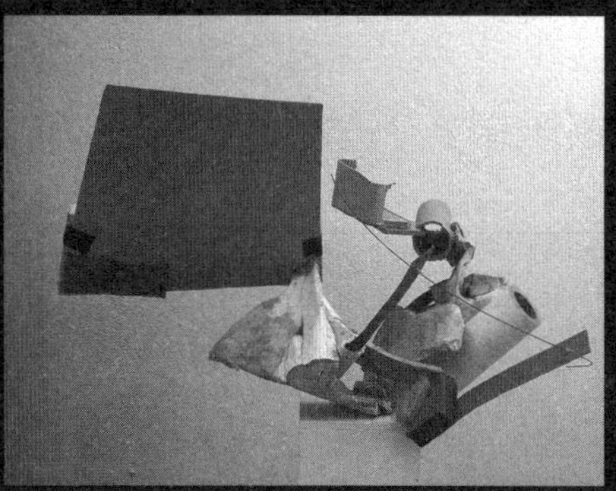
26

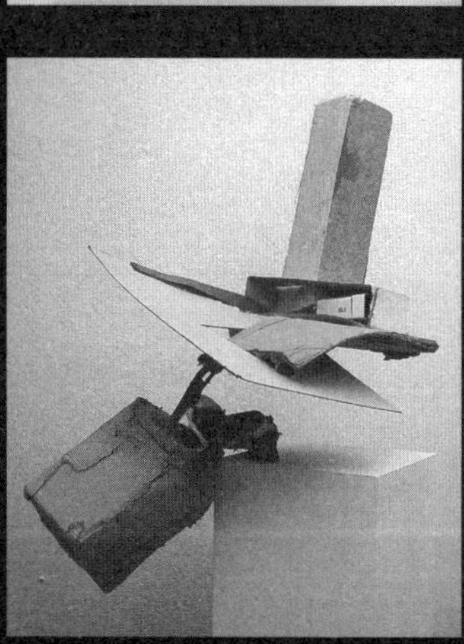
27

24 **Für Vivaldi und Piazzolla**
2002, Eichenholz/oak wood
450 x 500 x 280 cm

25 **Spacecowboy I**
2003, versch. Materialien
/var. materials
120 x 80 x 80 cm

29 **o.T.**
2003, Gummi/rubber
18 x 20 x 15 cm
Seite 59 / page 59
Privatsammlung/Private collection

30 **o.T.**
2003, Gummi/rubber
18 x 21 x 17 cm
Seite 59 / page 59
Privatsammlung/Private collection

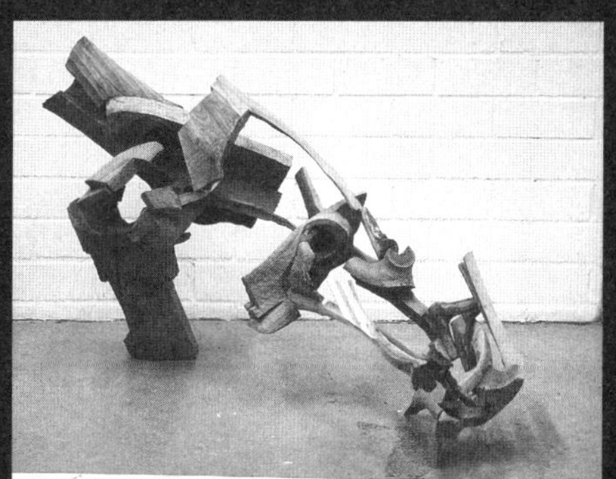
23

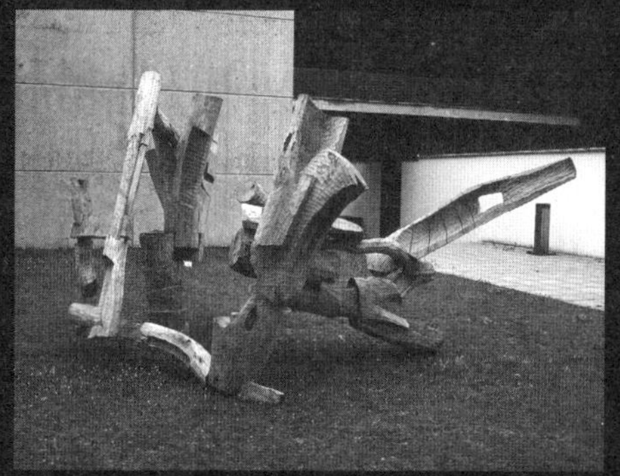
24

25

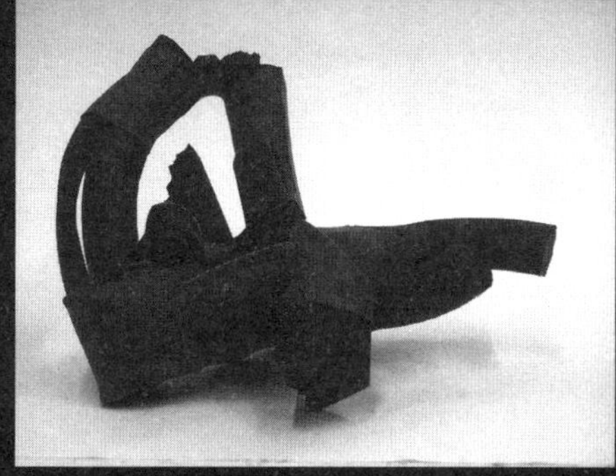
28

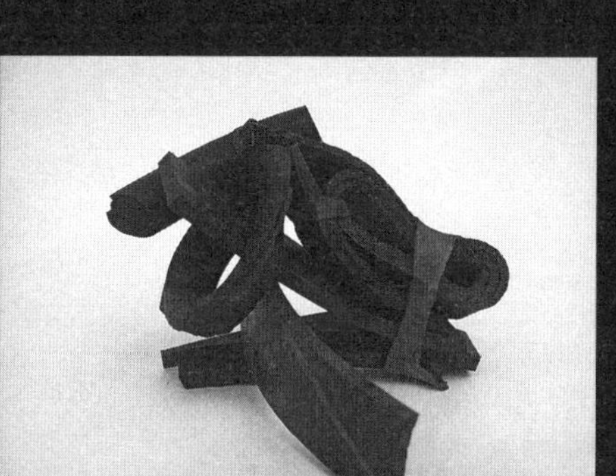
29

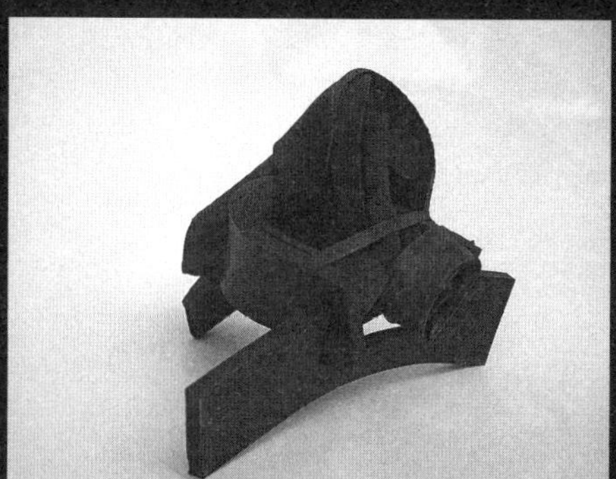
30

31 **o.T.**
2003, Gummi/rubber
55 x 40 x 30 cm
Seite 61 / page 61

32 **o.T.**
2003, Stahl, Gummi/steel, rubber
105 x 75 x 50 cm

33 **Großer Flügel**
2003, Akazienholz/acacia
1000 x 1000 x 500 cm

34 **Torso**
2003, Eschenholz/ash
140 x 120 x 90 cm

35 **Tanz IV**
2004, Nussholz/nut
140 x 80 x 90 cm

36 **Kleiner Flügel**
2004, Akazienholz/acacia
130 x 90 x 80 cm

37 **Für Ballet**
2004, Stahl, geschmiedet und geschweißt/steel, forged and welded
260 x 220 x 170 cm

38 **Für Ballet II**
2004, Stahl, geschmiedet und geschweißt/steel, forged and welded
320 x 250 x 220 cm
Sammlung Engel, Ludwigsburg /Collection Engel, Ludwigsburg

39 **Für Ballet III**
2005, Stahl, geschmiedet und geschweißt/steel, forged and welded
250 x 220 x 160 cm

40 **Thinking about You and Me**
2005, Gummi/rubber
360 x 240 x 100 cm
Seite 56/page 56

41 **Hommage to Hokusai**
2005, Stahl, geschmiedet und geschweißt/steel, forged and welded
350 x 240 x 170 cm

42 **For a Bigger Buddha**
2005, Holz, Pappe, Stahl, Schaumstoff, Spanngurte/wood, cardboard, steel, foam rubber, ratchet straps
180 x 80 x 120 cm
Seite 62/page 62
Privatsammlung, Zürich /private collection, Zurich

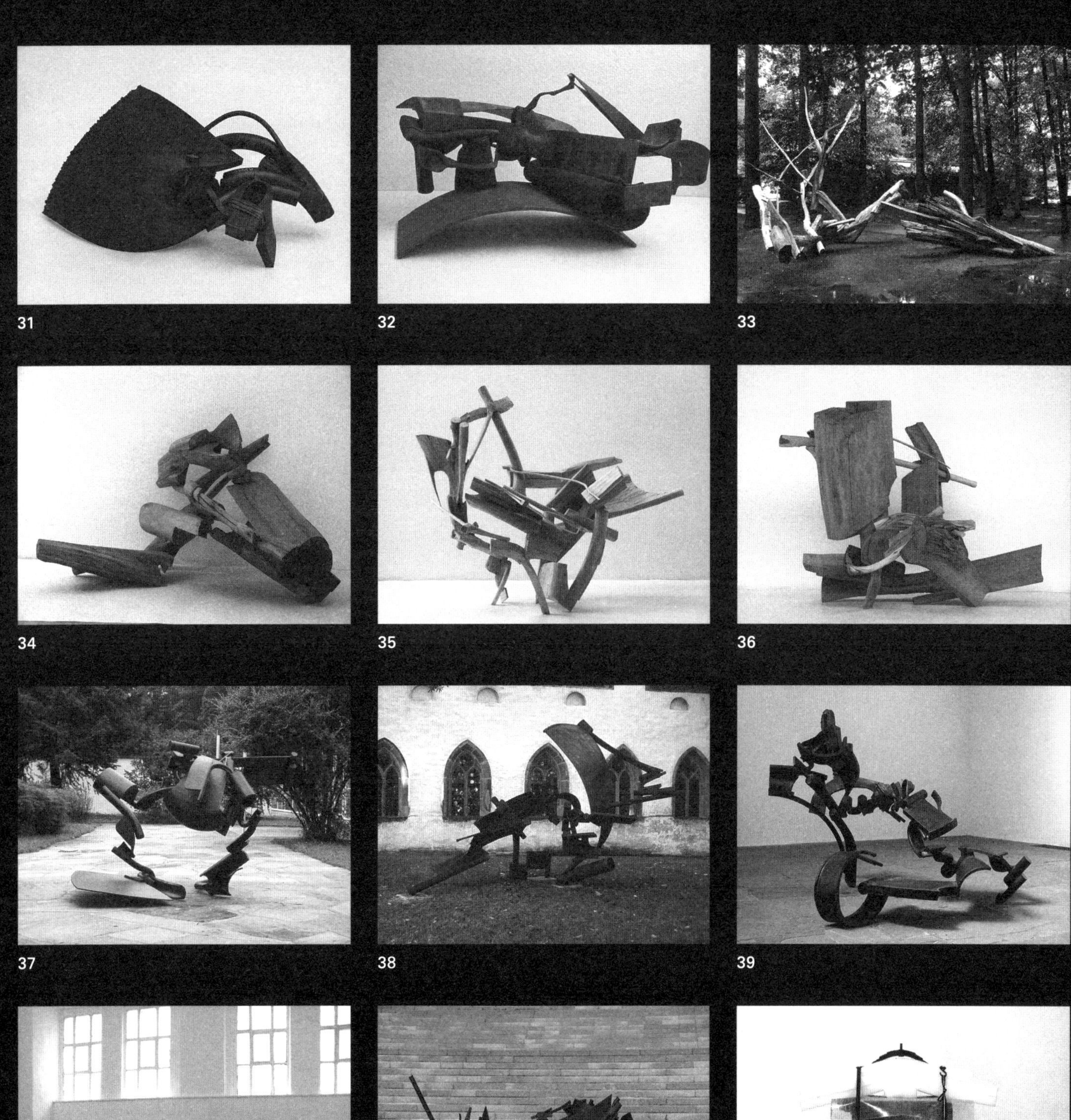
31
32
33
34
35
36
37
38
39
40
41
42

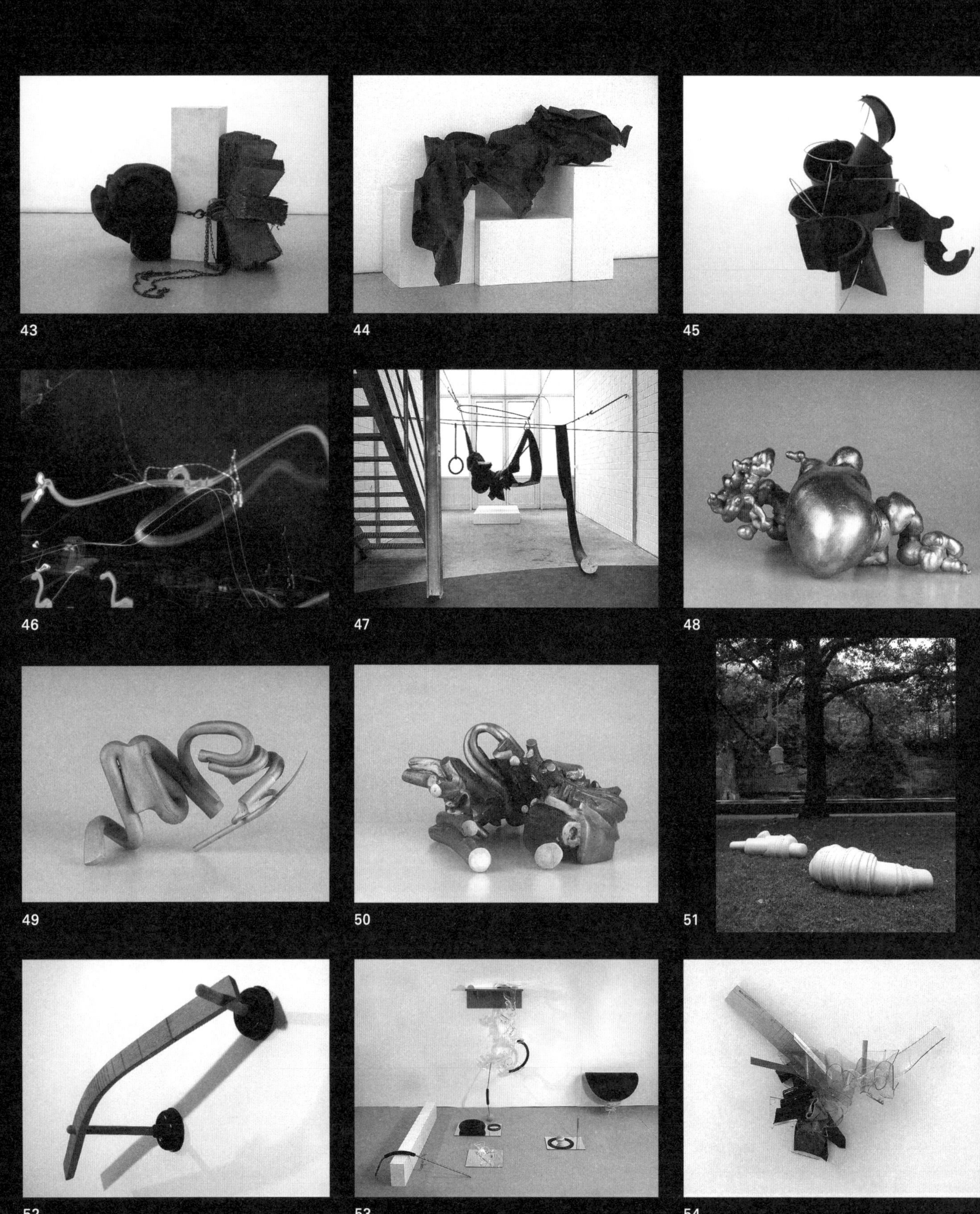

43 44 45

46 47 48

49 50 51

52 53 54

43 When shall We Three Meet Again
2005, Pappe, MDF, Gummi, Kettenzug/cardboard, MDF, rubber, chain hoist
160 x 170 x 120 cm
Seite 63/page 63

44 Come on Theresa
2006, Stahl und Holz/steel and wood
220 x 150 x 100 cm
Seite 55/page 55

45 Development of a Bucket in Space
2006, PE-Eimer, Sockel /PE bucket, socle
80 x 70 x 135 cm

46 Barefoot
2006, Video
4:11 min
Seite 66/page 66

47 A Tension Room for Bacon
2006, Installation
Gummi, Stahl, Stahlseil, Holz, Pigment /rubber, steel, steel rope, wood, pigment
Maße variabel/var. dimensions
Seite 74/page 74

48 Bubble for Baroque
2006, Bronze/rubber
20 x 20 x 10 cm
Seite 78/page 78

49 Linear for Baroque
2006, Edelstahl, geschmiedet und geschweißt/stainless steel, forged and welded
20 x 20 x 10 cm
Seite 78/page 78

50 Whole Lotta Love
2006, Bronze/bronze
10 x 12 x 21 cm
Seite 79/page 79

51 Strange Things Between Us
2006, Installation
Stahl lackiert /steel varnished
Maße variabel/var. dimensions
Seite 64/page 64

52 Stay Close
2006, Holz, Gummi/wood, rubber
10 x 12 x 21 cm

53 Come Along It's Quite Far
2006, Installation
Acrylglas, Edelstahl, Tennisbälle, Gummi, Spiegel, Holz/acrylic glass, stainless steel, tennis-balls, rubber, mirror, wood
Maße variabel/var. dimensions

54 Morning Struggle
2007, Acrylglas, PVC, Holz, Edelstahl, Schrauben, Gummi/acrylic glass, PVC, wood, stainless steel, screws, rubber
120 x 100 x 50 cm
Seite 86/page 86
Privatsammlung/private collection

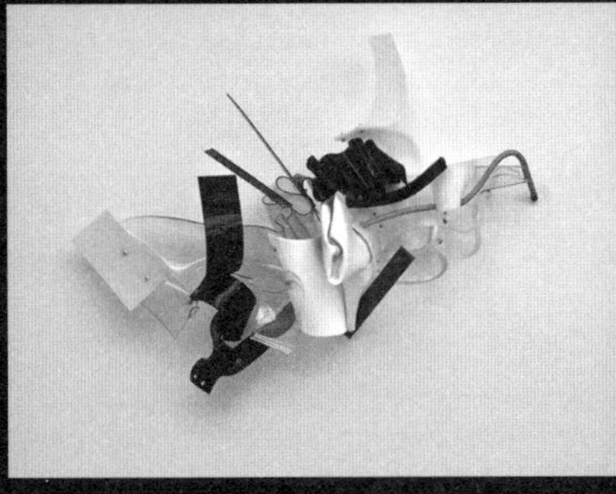
55

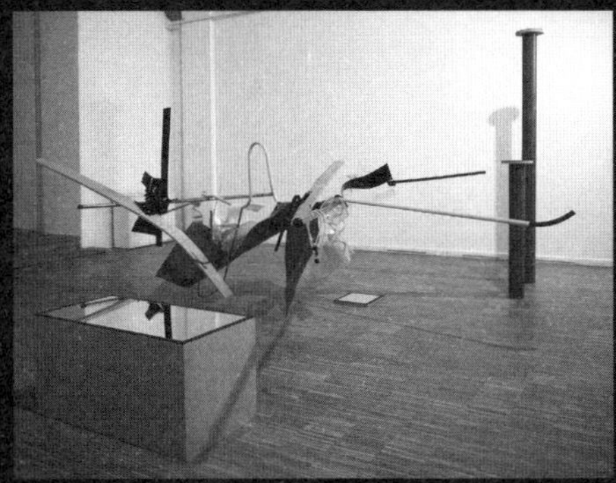
56

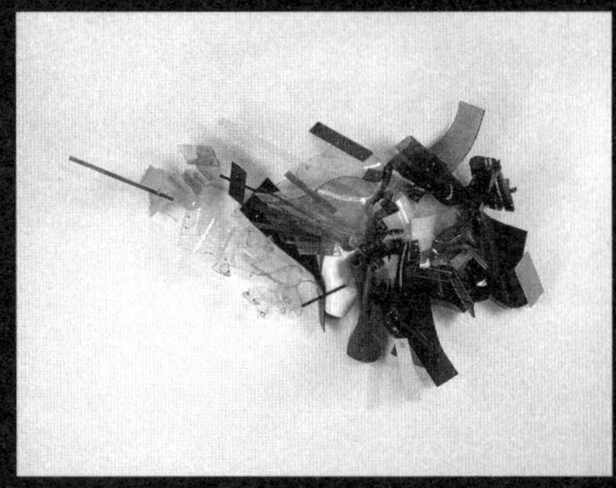
57

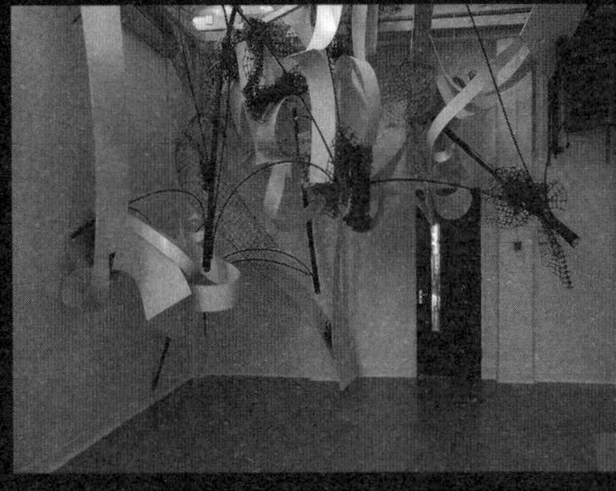
60

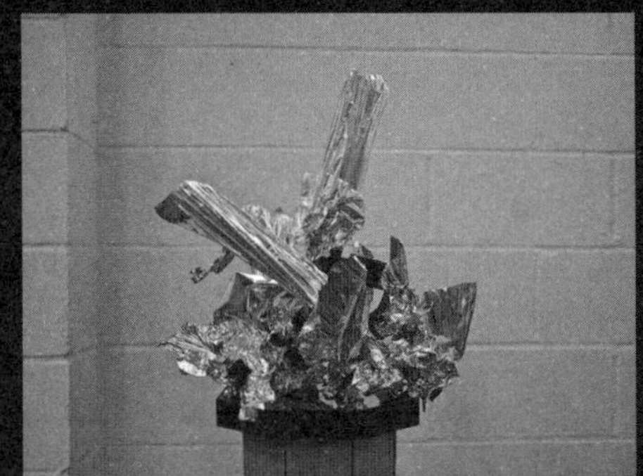
61

62

55 **Frisky Moments**
2007, Acrylglas, PVC, Schrauben, Gummmi, Stahl/acrylic glass, PVC, screws, rubber, steel
90 x 70 x 40 cm
Seite 89/page 89
Privatsammlung/private collection

56 **Come on Sam**
2007, Acrylglas, Stahl, Holz, Gummi, Spiegel, PVC-Rohre, Haifischfangschnur, MDF/acrylic glass, steel, wood, rubber, mirror, PVC tubes, shark fishing line
Maße variabel/var. dimensions
Seite 100/page 100

60 **For a New Standardmodel**
2007, Installation
PVC, PVC-Rohre, Absperrzaun, PE-Maschendraht, PP-Seil, Spiegel, Schrauben/PVC, PVC tubes, builders fence, PE-wire-netting, PP-rope, mirror, screws
700 x 700 x 700 cm
Seite 80/page 80

61 **Shadowless**
2007, Alufolie, Klebefolie, Spiegel, MDF/aluminium foil, adhesive film, mirror, MDF
50 x 45 x 130 cm

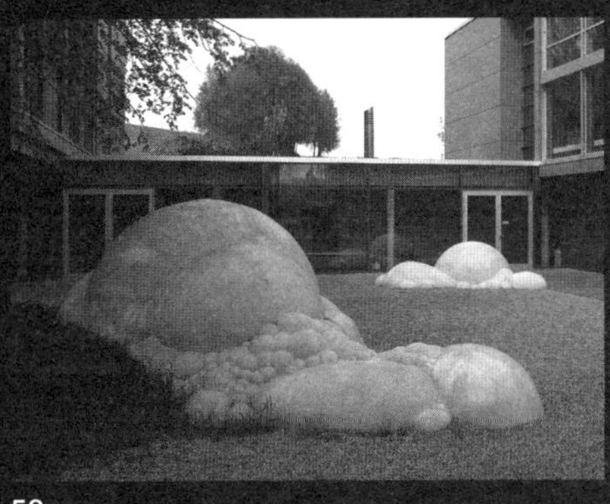

58

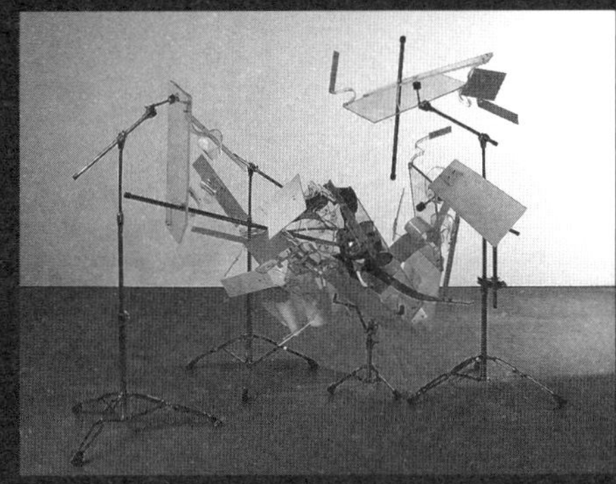

59

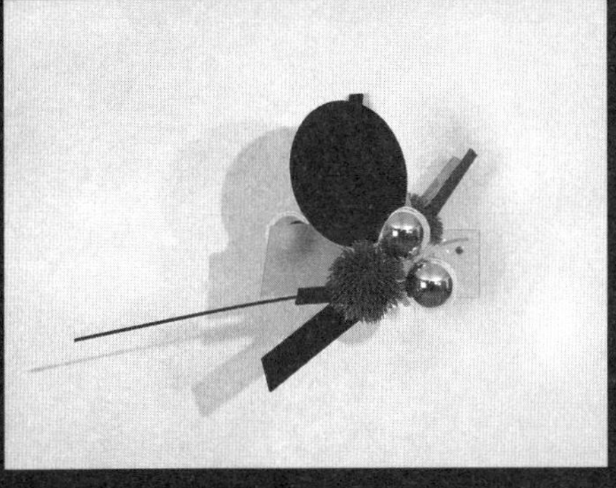

63

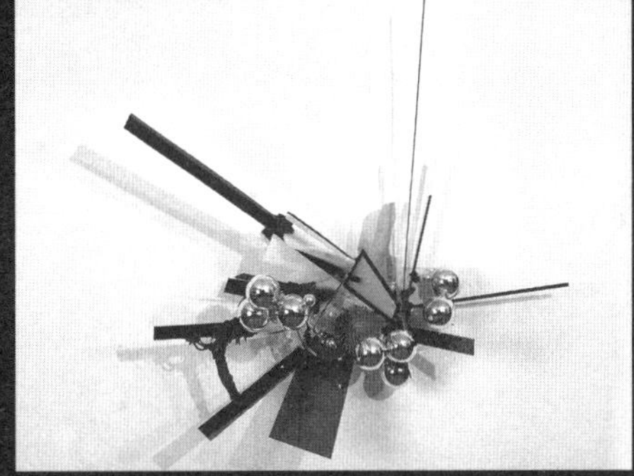

64

57 **You, Me and Caravaggio**
2007, Acrylglas, Plexiglas, Schrauben, Spiegel/acrylic glass, Perspex, screws, mirror
150 x 110 x 80 cm
Seite 84/page 84
Sammlung Biedermann
/Biedermann collection

58 **The Bubble Project**
2007, weißer Fiberglasbeton/white fiberglass concrete
I. 540 x 300 x 200 cm
II. 450 x 270 x 115 cm
Seite 76/page 76
Feuerwehrschule Regensburg in Lappersdorf/Firemen School Regensburg in Lappersdorf

59 **Jamming with Scofield**
2007, Schlagzeugständer, Acrylglas, Chromstahl, Schrauben, Gummi/drum stands, acrylic glass, chromium steel, screws, rubber
240 x 210 x170 cm
Seite 92/page 92

62 **Strangelet I**
2007, Acrylglas, Silikon, Christbaumkugeln, Gummi, Schrauben/acrylic glass, silicone, christmas baubles
30 x 55 x 35 cm
Seite 114/page 114
Privatsammlung, Frankfurt a.M.
/private collection, Frankfurt a.M.

63 **Strangelet II**
2007, Acrylglas, Silikon, Christbaumkugeln, Gummi, Schrauben/acrylic glass, silicone, christmas baubles, rubber, screws
90 x 40 x 50 cm
Seite 115/page 115
Sammlung Biedermann
/Biedermann collection

64 **Strangelet III**
2007, Acrylglas, Silikon, Acryl, Christbaumkugeln, Gummi, Schrauben
/acrylic glass, silicone, acrylic, christmas baubles, rubber, screws
100 x 90 x 50 cm
Seite 112/page 112
Sammlung Biedermann
/Biedermann collection

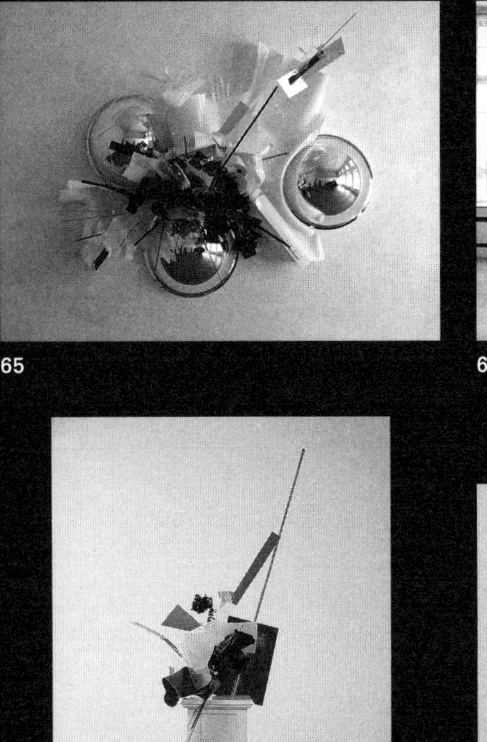

65

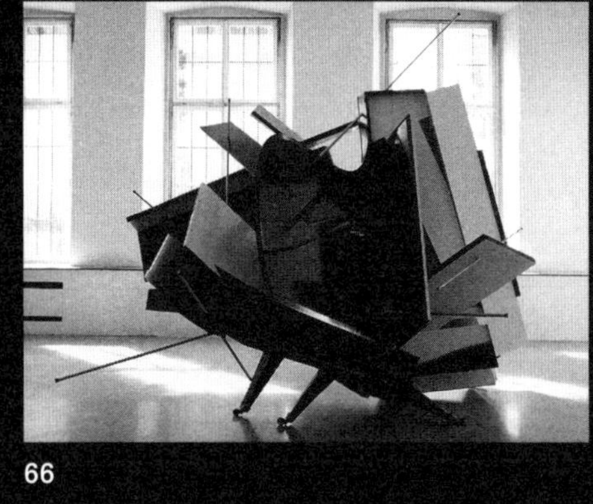

66

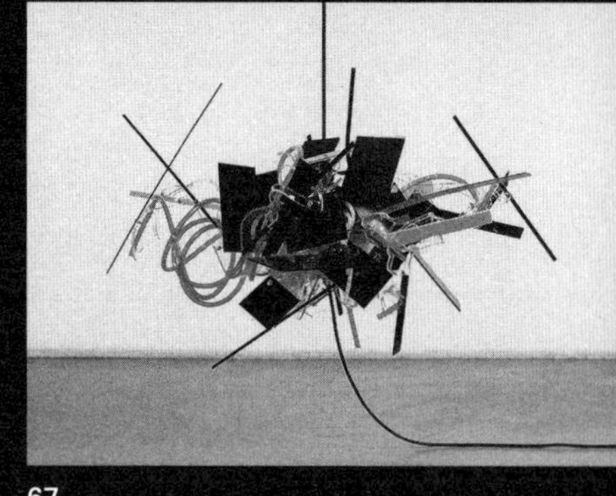

67

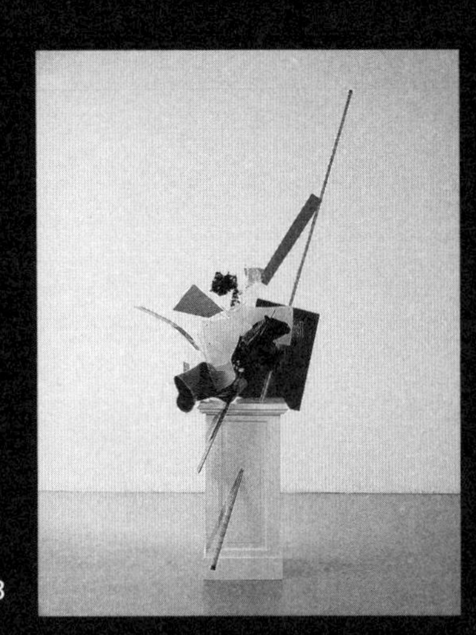

68

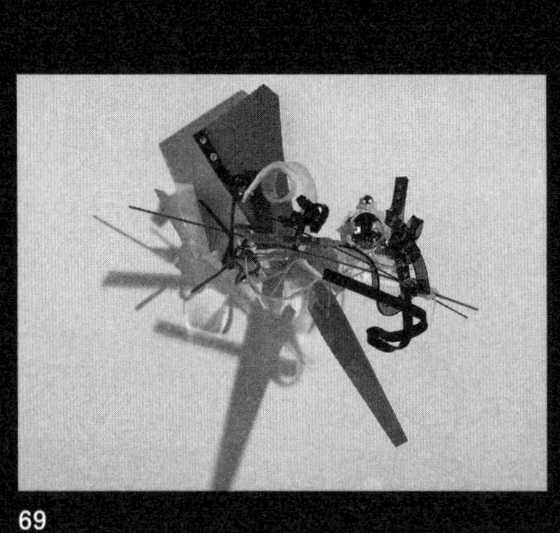

69

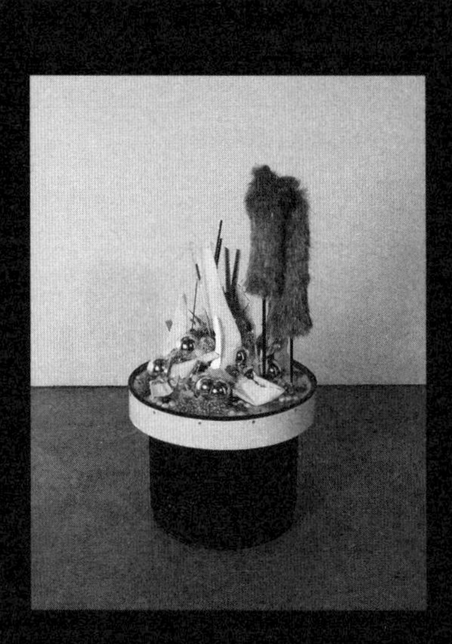

70

65 **Buckle Your Seatbelt Dorothy. .**
2007, Acrylglas, Überwachungsspiegel, Schrauben, PVC/acrylic glass, surveillance monitor, screws, PVC
320 x 170 x 240 cm
Seite 116/page 116
Sammlung Biedermann
/Biedermann collection

66 **Polyrhythmic Walkabout**
2008, Zwei Konzertflügel, ein Kurzflügel, PVC, Edelstahl, Schrauben, Wolle /two concert grands, one baby grand, PVC, stainless steel, screws, wool
490 x 320 x 280 cm
Seite 106/page 106
Sammlung Biedermann
/Biedermann collection

67 **Superstrangelet**
2008, Acrylglas, PC-Wasserkühlungsschlauch, Kabelspirale, Gummi, Schrauben, Kabel, Schwarzlichtlampe /acrylic glass, PC-water cooling pipe, cable spiral, rubber, screws, cable, black-light lamp
110 x 90 x 75 cm
Seite 120/page 120
Sammlung Biedermann
/Biedermann collection

68 **Déjà-vu**
2008, Acrylglas, Schraube, PVC-Rohr, Chenille-Draht, Edelstahl, Holz/acrylic glass, screws, PVC pipe, chenille wire, stainless steel, wood
140 x 95 x 285 cm
Seite 105/page 105

69 **Strangelet IV**
2008, Acrylglas, Schrauben, Christbaumkugeln, Silikon, Chenille-Draht /acrylic glass, screws, christmas baubles, silicone, chenille wire
70 x 65 x 40 cm
Seite 127/page 127
Sammlung KV Kirchzarten/collection KV Kirchzarten

70 **C.D.F.**
2008, Gips, Silikon, Acryl, Christbaumkugeln, Gummi, Schrauben, Effektfolie, Staubwedel /plaster, silicone, acrylic, christmas baubles, rubber, screws, effect foil, duster
70 x 65 x 40 cm
Seite 98/page 98

71 **Hyperbluestrangelet**
2008, Acrylglas, Silikon, Edelstahl, PP-Seil, Wolle, Leuchtkabel/acrylic glass, silicone, stainless steel, PP-rope, wool, light cable
103 x 120 x 55 cm
Seite 128/page 128

Biografie/**Biography**

1977 in Krumbach (Schwaben) geboren

1997 – 1999 Studium an der O.F.- Universität Bamberg

1999 – 2002 Studium der freien Bildhauerei an der AdBK Nürnberg bei Prof. Tim Scott

2001 (September – Dezember) Studienaufenthalt in Santiago de Chile bei Francisco Gazitua

2002 Meisterschüler von Prof. Tim Scott

2003 Studium der Bildhauerei und Kunsterziehung bei Prof. Claus Bury

2005 (August – Oktober) zweimonatiger Studienaustausch im Rahmen des Bildhauersymposions **Khora** an der Hiroshima City University, Japan

2006 Staatsexamen

2006 – 2007 MA Fine Art in Sculpture, an der University of the Arts, Wimbledon College of Art, London, Abschluß mit Auszeichnung

seit 2007 als freischaffender Künstler tätig

Ausstellungen

2001 **Form Wofür**, Skulptur von Studenten und Ehemaligen der Klasse Scott, (K)

2002 **Eins** — Gruppenausstellung im Kunsthaus der Stadt Nürnberg

Zwei — Gruppenausstellung in der Ausstellungshalle der AdBK Nürnberg

2003 **Drei** — Gruppenausstellung im Parthenonsaal Budapest

2004 Ausstellung des Kunstpreises der Nürnberger Nachrichten (K)

Grund — Klasse Bury an der AdBK Nürnberg

Neue Kunst in alten Gärten, Hannover (K)

Vor Ort, Symposion im Rahmen von **66 Tage Kunst**, Rothenburg o.d.T (K)

2005 **Große Kunstausstellung** im Haus der Kunst München — **Skulptur aktuell** (K)

Skulptur und Malerei, Kunstpavillon München

1977 born in Krumbach (Swabia)

1997 – 1999 Studies at O.F. University in Bamberg

1999 – 2002 Studies of sculpture at the Academy of Fine Arts Nuremberg with Prof. Tim Scott

2001 (September – December) Study visit in Santiago de Chile with Francisco Gazitua

2002 Master Student of Prof. Tim Scott

2003 Studies of sculpture and art education with Prof. Claus Bury

2005 (August – October) Two months as an exchange student for the sculptors´ symposium Khora at the Hiroshima City University, Japan

2006 State examination

2006 – 2007 MA Fine Art in Sculpture, at the University of the Arts, Wimbledon College of Art, London, Graduation with honours

since 2007 working as a self-employed artist

Exhibitions

2001 Form What for, sculpture by students and former students of the Class of Prof. Tim Scott (c)

2002 Eins — group exhibition in the Kunsthaus of the city of Nuremberg

Zwei — group exhibition in the exhibition hall, AdBK Nuremberg

2003 Drei — group exhibition in the Parthenon Hall, Budapest

2004 Exhibition of the Art Award of the Nürnberger Nachrichten (c)

Grund, class of Prof. Claus Bury at the AdBK Nuremberg

New Art in Old Gardens, Hanover (c)

Vor Ort, symposium as part of the 66 Tage Kunst, Rothenburg ob der Tauber (c)

2005 Große Kunstausstellung at the Haus der Kunst Munich — Skulptur Aktuell (c)

Skulptur und Malerei, Kunstpavillon Munich

Galerie Emmanuel Post, Leipzig (E)

Symposion **Khora**, Hiroshima, Japan (K)

2006 **Izumo Art Festival**, Tamatsukuri, Japan (K)

Große Kunstausstellung im Haus der Kunst München (K)

Symposion **Khora2**, Nürnberg (K)

Ausstellung zum Preis **Skulpturenpark Mörfelden**/Frankfurt

Ausstellung zum Preis der Darmstädter Sezession (K)

2007 **One Man Show**, Art Karlsruhe, Galerie ABTart

MA Graduierten-Ausstellung, Wimbledon College of Art, London

Stopover, DAAD-Stipendiaten 2007, Ada-Street Gallery, London (K)

2008 **Buckle Your Seatbelt Dorothy. .**, Forum Kunst Rottweil (E)

Come on Sam, Kunstverein Kirchzarten (E)

Ausstellung zur Debütantenpreis 2007 in der Ausstellungshalle der AdBK Nürnberg (K)

Galerie Emmanuel Post, Leipzig, (s)

Symposium **Khora**, Hiroshima, Japan (c)

2006 **Izumo Art Festival**, Tamatsukuri, Japan (c)

Große Kunstausstellung at the Haus der Kunst Munich (c)

Symposium **Khora2**, Nuremberg (c)

Exhibition for the Prize **Sculpture Park Mörfelden**/Frankfurt

Exhibition for the Prize of the Darmstadt Secession (c)

2007 **One Man Show**, Art Karlsruhe, Galerie ABTart

MA Graduates´ Exhibition, Wimbledon College of Art, London

Stopover, DAAD Scholarship 2007, Ada-Street Gallery, London (c)

2008 **Buckle Your Seatbelt Dorothy. .**, Forum Kunst Rottweil (s)

Come on Sam, Kunstverein Kirchzarten (s)

Exhibition Debut Award 2007 in the exhibition hall of the AdBK Nuremberg (c)

Auszeichnungen

2001 1. Preis im Klassenwettbewerb der Dannerstiftung, **Home for. .**

2002 1. Klassenpreis

2006 1. Akademiepreis der AdBK Nürnberg

1. Preis Skulpturenpark Mörfelden/Frankfurt

2006 /2007 DAAD Postgraduierten-Jahresstipendium für Großbritannien

2007 Debütantenpreis des Freistaates Bayern

2008 Kunstförderpreis des Bayr. Staatsministeriums für Wissenschaft, Forschung und Kunst

Awards

2001 1st Prize in the class competition of the Dannerstiftung, **Home for...**

2002 1st Prize in sculpture class

2006 1st Academy Award of the AdBK Nuremberg

1st Prize **Sculpture Park Mörfelden**/Frankfurt

2006 /2007 DAAD postgraduate one-year scholarship for Great Britain

2007 Debut Award of the Free State of Bavaria

2008 Art Promotion Prize of the Bavarian State Ministry for Science, Research and Art

(E)=Einzelausstellung, (K)=Katalog

(s)=solo exhibition, (c)=catalogue

Ich widme dieses Buch meiner Frau Aldona Róża Kut, meinen Eltern und Brüdern. Danke Euch für alles.
I dedicate this book to my wife Aldona Róża Kut, my parents and my brothers.
Thank you for everything.

Dank/**Acknowledegements:**
Ich danke Ernst Christian Dümmler, den Autoren und allen Freunden und Förderern, durch deren Engagement und großzügige Unterstützung diese Publikation möglich wurde.
I would like to thank Ernst Christian Dümmler, the authors and all the many friends and sponsors whose commitment and generous support made this publication possible.

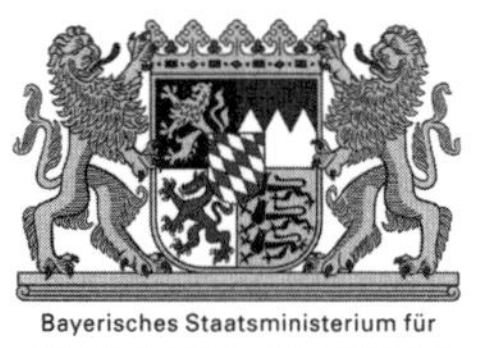

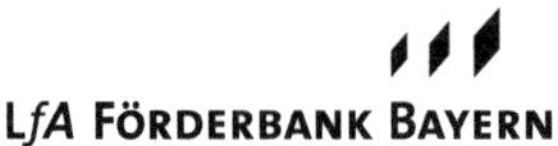

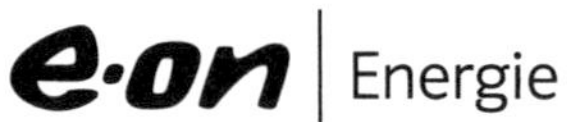

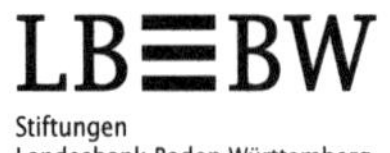

Rolf Arnold Consult

Stefan Schmidt,
Römerturm Feinstpapier

DZA Druckerei zu Altenburg GmbH

Impressum/**Colophon:**

Diese Publikation erscheint anlässlich der Verleihung des Debütantenpreises des Freistaates Bayern 2007 und der Ausstellung Buckle Your Seatbelt Dorothy. . im Forum Kunst Rottweil.
This publication is produced on the occasion of the Debut Award of the Free State of Bavaria and of the exhibition Buckle Your Seatbelt Dorothy. . at the Forum Kunst Rottweil.

Heraussgeber/**Editor:**
Sebastian Kuhn
Mitherausgeber /**Co-editor:**
Forum Kunst Rottweil
Konzept/**Concept:**
Ernst Christian Dümmler, Sebastian Kuhn
Grafik/**Graphic Design:**
Ernst Christian Dümmler
Fotografie/**Photography:**
Sebastian Kuhn, Ernst Christian Dümmler, Claus Bury (Seite 64, **page 64**)
Lektorat/**Copyediting:**
Marie Hauptmeier
Übersetzungen/**Translations:**
Ingrid Bell
Lithographie/**Colorseparation:**
Reprostudio Schmidt, Nürnberg
Gesamtherstellung/**Printed by:**
DZA Druckerei zu Altenburg GmbH

Published and distributed by:
Kerber Verlag
Windelsbleicher Straße 166
33659 Bielefeld
Tel. + 49 (0) 521 / 95 00 810
Fax + 49 (0) 521 / 95 00 888
info@kerberverlag.com
www.kerberverlag.com

US Distribution
d. a. p.
Distributed Art Publishers Inc.
155 Sixth Avenue/ 2nd Floor
New York 10013.1507/USA
Tel.: 001 / 212 / 627 19 99
Fax: 001 / 212 / 627 94 84

ISBN 978-3-86678-136-8
Printed in Germany